生本伝九郎の生涯

岸田　崇

吉備人出版

児島半島金甲山中腹より岡山市南部市街地を望む

I

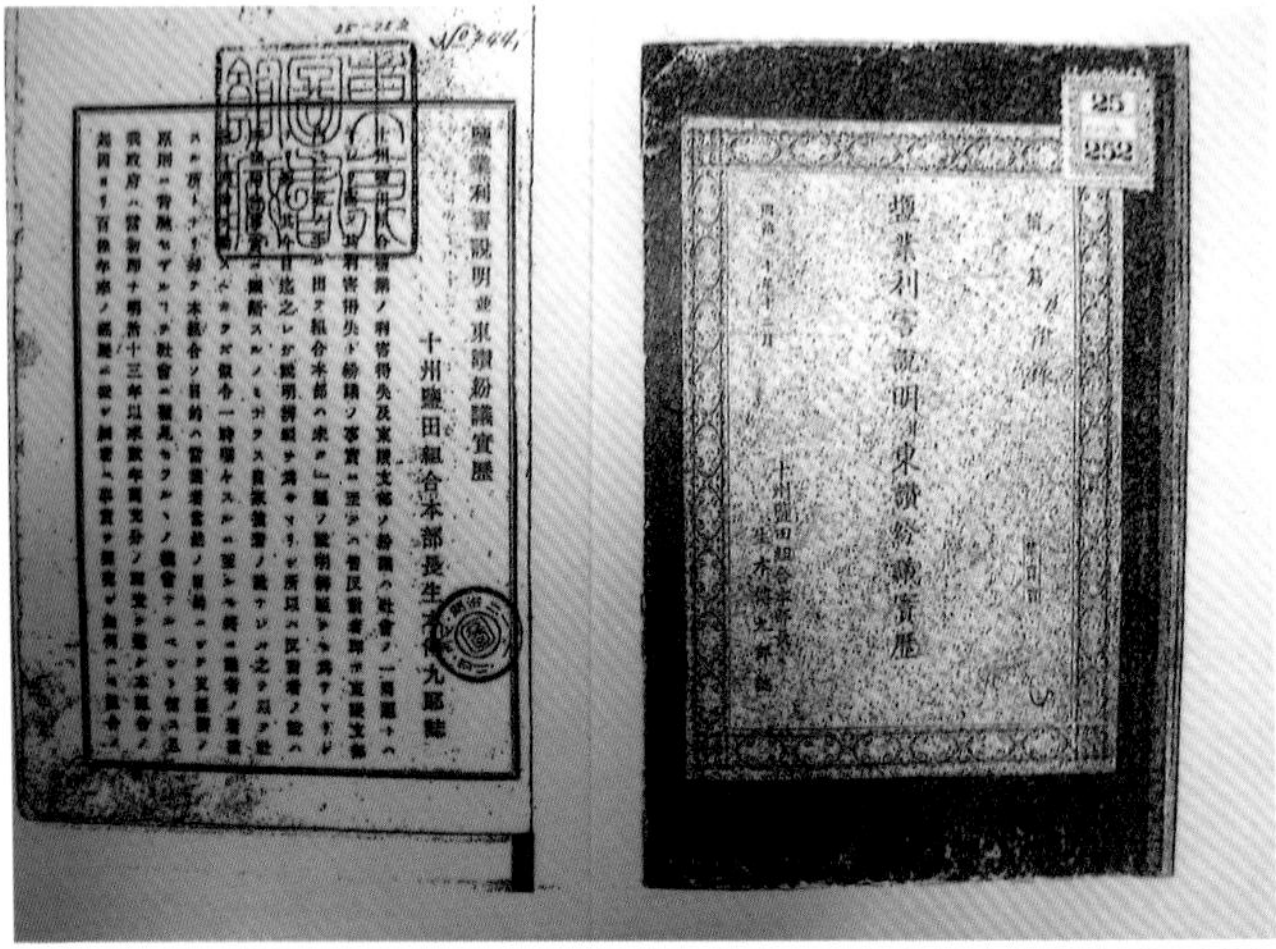

塩業利害説明並東讃紛議實歴

十州塩田組合本部長生本傳九郎稿

生本伝九郎著『塩業利害説明並東讃紛議実歴』(国立国会図書館所蔵)

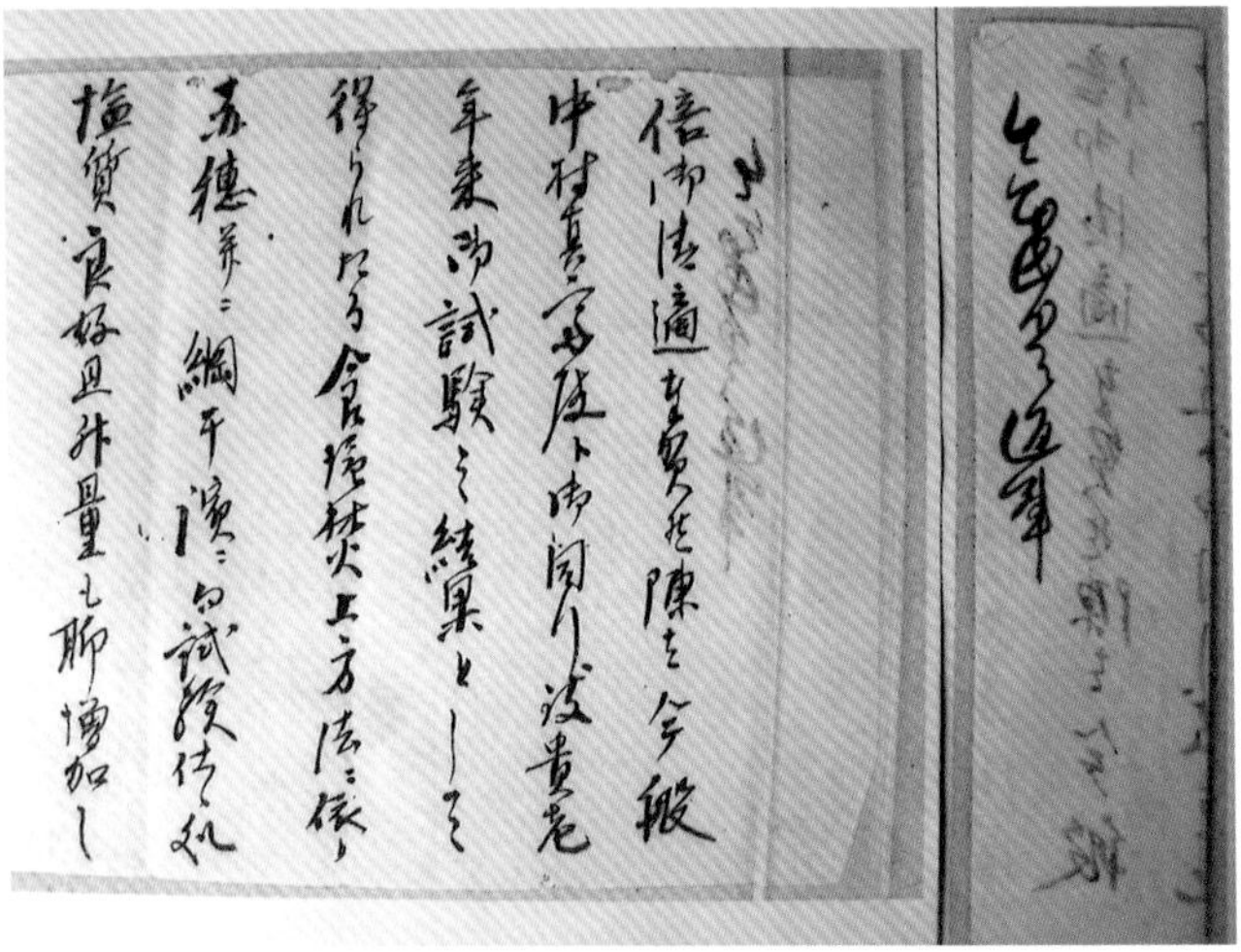

生本伝九郎の小野友五郎宛返書(広島県立文書館所蔵)

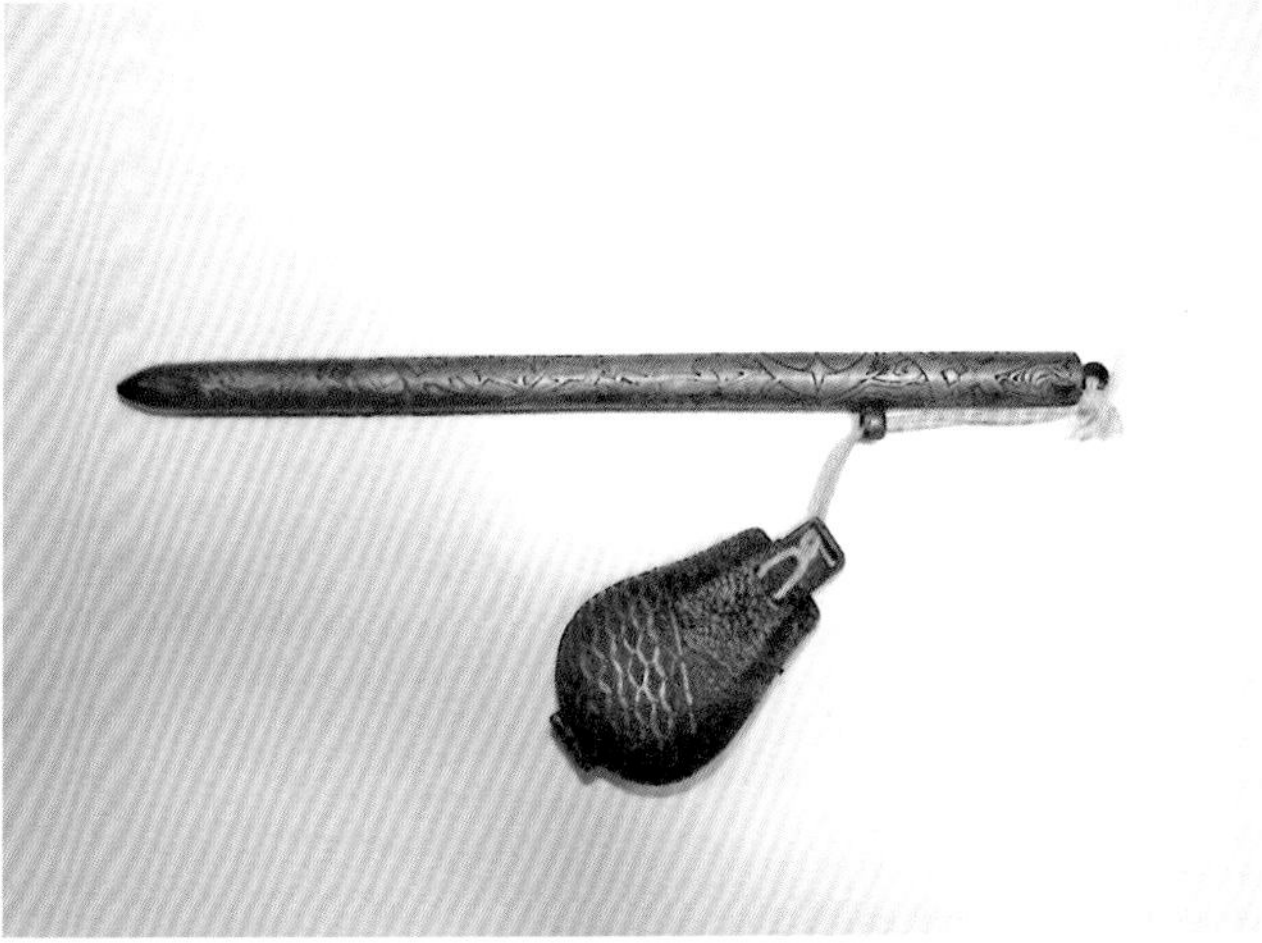

生本伝九郎が使用していたと伝えられる矢立て

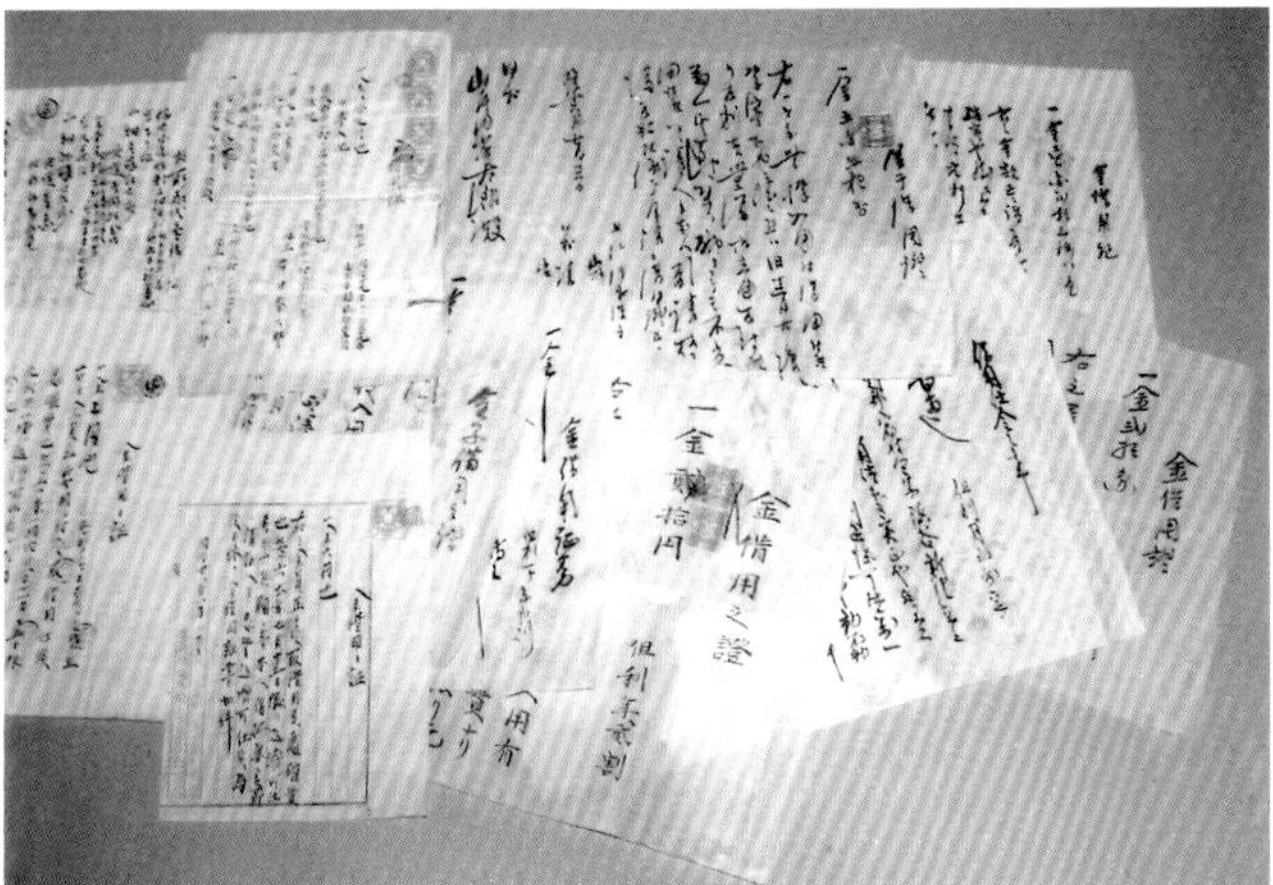

岸田峯太郎保管の借用証

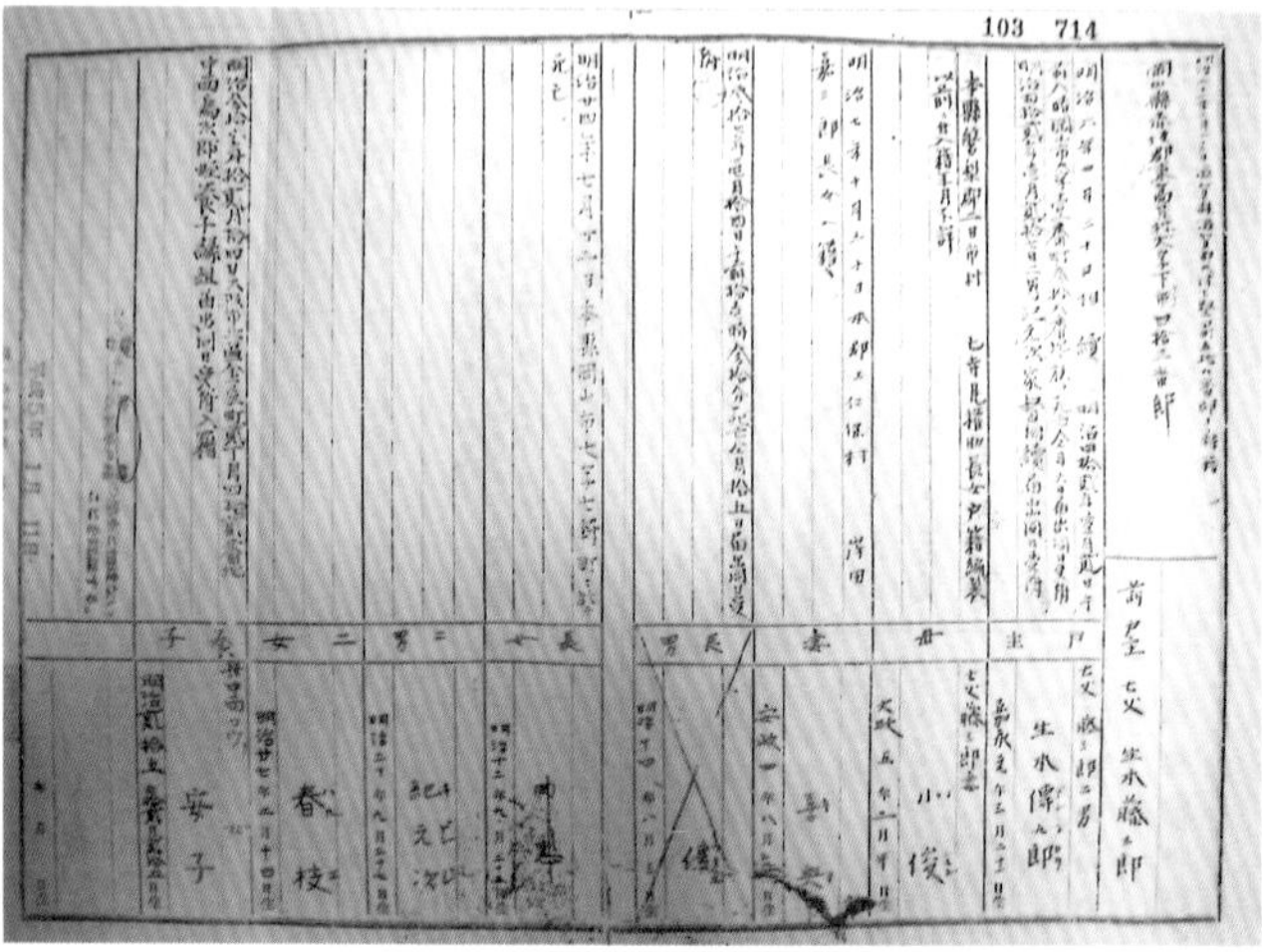
103 714

生本伝九郎の戸籍謄本

生本伝九郎の墓

生本伝九郎の生涯

凡例

一、史・資料翻刻に当たっては、可能な限り原本の体裁を尊重したが、読み易くするために変更したところもある。
二、史・資料本文の字体は、原則として常用漢字を用い、異体字等は正字に改めた。
三、常用漢字以外で通常あまり使われないものについては読み仮名を付した。
四、史・資料を読み易くするために、適宜句点（。）、読点（、）、並列点（・）を付加した。
五、明らかに誤字・誤記と考えられるものについては、文字の後あるいは傍らに（　）で示した。

はじめに

生本伝九郎は嘉永元年（一八四八）現在の岡山県赤磐市下市に生まれ、明治四十二年（一九〇九）六十二歳で岡山市一番町三十八番地に没しており、児島湾干拓や十州塩田組合にかかわる業績などが評価されている。

多くの専門家たちは彼の人物・業績を高く評価しながらもその究明を図っている者が居ないのは、一つには彼にかかわる史・資料が非常に乏しく、彼の生涯を把握することが難しいからであろう。

そこで、本稿では彼にかかわる史・資料を可能な限り集め、彼の一生を政治的・歴史的背景との関連において系統立てて見ていきたいと考えている。

彼の公での活躍が把握できるのは明治十三年（一八八〇）から明治三十五年（一九〇二）までで、それは彼の三十二歳から五十五歳に当たる。その間児島湾干拓という大事業の緒を就けたこと、十州塩田組合本部長として東讃支部代表井上甚太郎との論争を展開し紛争解決に努力したことは広く知られている。

明治に入り版籍奉還による武士の生活保障の問題が生じてきた。そういう状況下、当時、県の職員であった生本伝九郎は、御野郡福島村（現岡山市岡南地区）松が鼻から対岸の飽浦まで約二三〇〇メートルの堤防を築いて海水の浸入を防ぐと児島湾内に約一万町歩の干潟ができ、これを干拓して農地にすれば十五万石の生産が可能であるという雄大な干拓構想を時の県令高崎五六に提案した。これは後に藤田干拓の端緒となった。その後長州出身の藤田伝三郎の単独事業となるが、この児島湾開墾に関すること、十州塩田組合本部長として東讃（現香川県東部）との紛争解決に献身的に努力したこと、旧幕臣小野友五郎から天日製塩法の特許を譲り受け、これを広め良質の増塩に努めたことなどは彼の大きな業績である。

本著は内容的には児島湾開墾に関すること、十州塩田組合本部長時代の東讃支部代表との紛争と、その後小野友五郎から天日製塩法の特許を譲り受け良質の増塩に努めたこと、第一回、第二回衆議院議員選挙に立候補したこと、移民保険会社を設立したことの四つを柱として、行政家としてまた実業家としての生本伝九郎の人物、業績に迫りたい。

目次／生本伝九郎の生涯

第一章　生本伝九郎と児島湾干拓

第二章　十州塩田組合本部長生本伝九郎

第六章　生本伝九郎の家系

第一章　生本伝九郎と児島湾干拓

第一節　明治維新以前の児島湾干拓

一　岡山平野の眺望と御野郡古図

中国山地に源を発して吉備高原を浸食しながら南流する吉井川、旭川、高梁川は長い間に県南部に広い平野を形成していった。吉井川や旭川に加えて笹ヶ瀬川や倉敷川の流入する児島湾には広大な干潟が発達し、肥沃な農耕地を作り上げていった。

標高四〇二・五メートルの児島半島の金甲山山頂に立って北方岡山市街を眺めると、旭川の水が児島湾の水面とほとんど勾配なしに流れ込んでおり、城下町から発展した市街地も干拓によって生まれた新田地帯も児島湾の水面とほぼすれすれの高さとなっているように見える。旭川にかかる相生橋を渡って職場に通勤していたころのことであるが、潮が引くと後楽園辺りの旭川の水深が一メートルほど浅くなっていたのを記憶している。潮の干満が相生橋辺りでも明確に現れていたのである。

また、岡山市南区藤田にある岡山県立興陽高等学校辺りから総社市の鬼ノ城遺跡ふもと辺りを望んでも高低差がほとんど感じられない。これは又、この沃野が長い間に形成されたことを物語るものでもある。

備前岡山藩の学者土肥経平（一七〇七〜一七八二）の編纂《さん》した『寸簸之塵《きびのちり》』の「御野郡古図」によると、鹿田荘辺が少し高くなっていたことが分かる。旭川の流出土砂により後の鹿田荘一帯に沖積平野が形成されたのは相当古い時期と考えられる。

『平家物語』巻第八によると、備中の妹尾太郎兼康は追撃してくる木曽義仲の軍を迎え撃つために篠《ささ》の迫《せま》り（現岡山市北区笹が瀬）に城郭を構えている。このことは当時山陽道は篠の迫りを通っていて、海岸線は現在より相当北の楢津辺りに及んでいたと考えられる。

この辺りには楢津、平津、吉備津など「津」の付

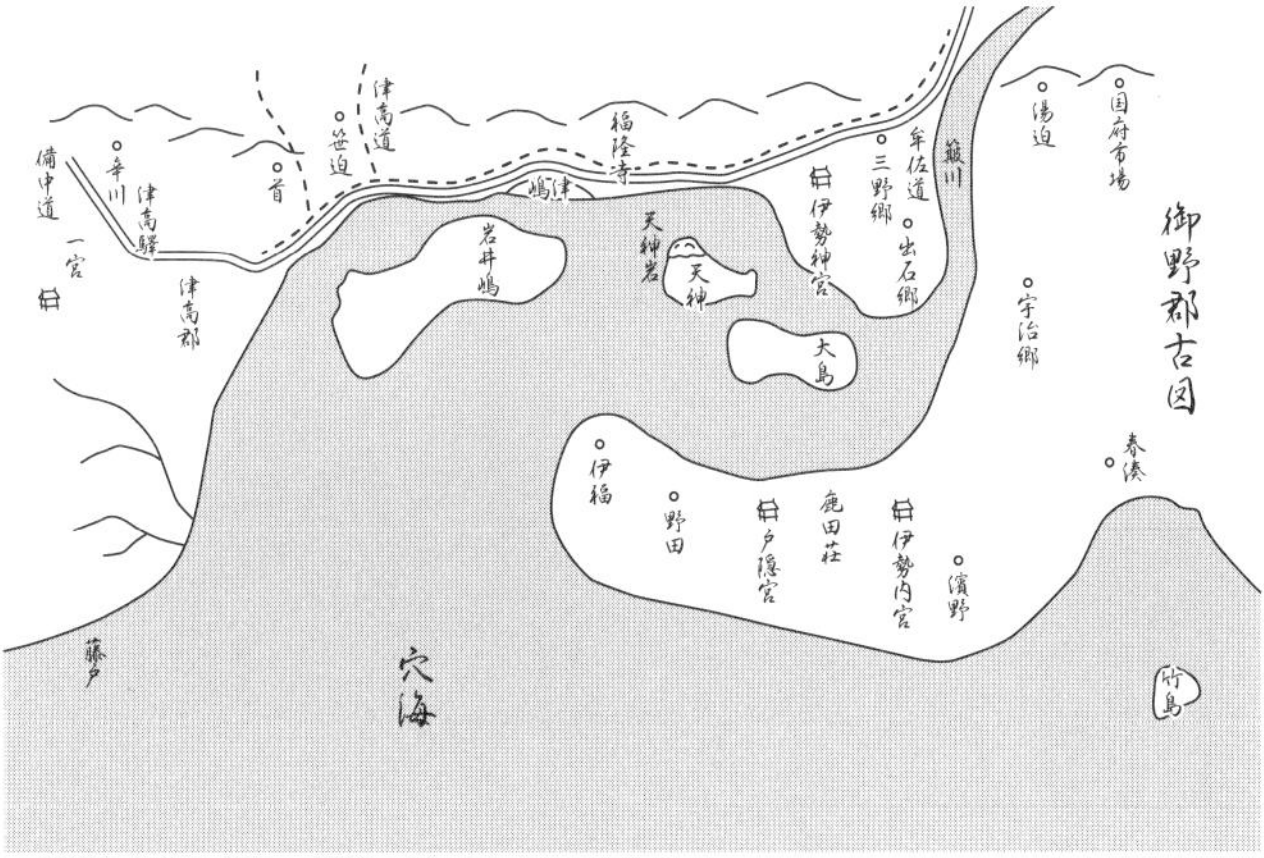

御野郡古図（『寸簸之塵』土肥経平纂より作成）

く地名が多い。「津」は渡し場の意味であり、これらの地名はいつの時代かの海岸線を表していると考えてよかろう。

文明年間（一四六九～一四八六）旭川の河口が浜野へ変わり、その後一五〇年程の間に河口に流出する土砂が鹿田荘南方へ広大な干潟をつくっていったと考えられる。

二　宇喜多堤と酒津堤防

明治維新以前の児島湾地域の開墾については小規模なものは古くから行われていたが、計画的で大規模なものは中世末に行われた宇喜多開墾であり、その始まりは宇喜多堤と酒津堤防にある。宇喜多堤は天正十年（一五八二）の秀吉による高松城水攻めの後高梁川以東を領有するようになった宇喜多秀家が、天正十三年（一五八五）完成したもので、早島と加須山を結んだ線だと言われている。現在、都窪郡早島町早島の街中を通る県道は宇喜多堤と言われている。

これと同じ時期に同じ目的で作られたのが酒津堤防と言われるもので、これは酒津から真っすぐに南へ下って連島の東の端粒浦から五軒屋、福井につながる堤防である。

この酒津から福井へ延びる長大な堤防、早島から加須山を結ぶ堤防は共に宇喜多堤の名で残っているが、特に有名なのが前述の早島の宇喜多堤である。この二つの堤防により海水の浸入を防ぎ、内部を陸地化することによって宇喜多開墾はなされた。従ってこの二つの堤防が美田形成の基となっている。

三　江戸時代における児島湾干拓

児島湾沿岸の計画的で大規模な干拓は天正年間（一五七三〜一五九一）の宇喜多堤の築造に始まる。その後江戸時代を通じて備中では倉敷市東南方の帯江、早島、茶屋町方面、備前では岡山市福島地先がしだいに開かれ、岡山藩営によって倉田、幸島、沖の諸新田が、更に後期に至っては興除新田

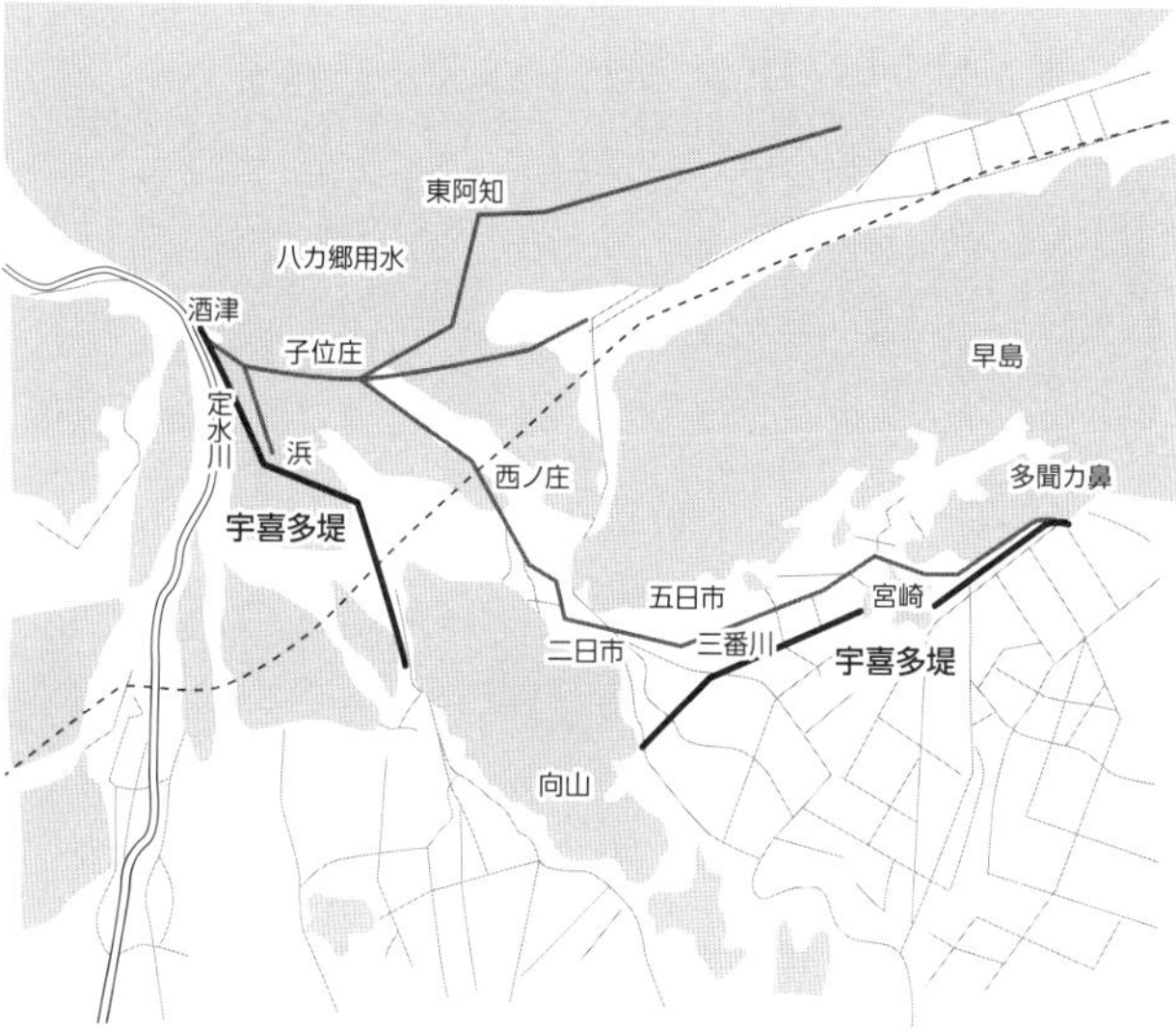

戦国時代末期の早島周辺の地形（推定）と宇喜多堤（太線）『早島歴史街道』（早島町教育委員会編）より作成。

がつくられた。

江戸時代における児島湾干拓の状況を見ると、前期では岡山藩主池田光政の事業が中心となっている。光政は土木・建築に秀でた家臣津田永忠に恵まれ、倉田、福浦、幸島、沖の四新田など六〇か所、三〇〇〇町歩に及ぶ新田開発を行っている。その後正徳年中（一七一一～一七一五）にかけての新田開発は一五〇か所、七〇〇〇町歩に及んでいる。幸島新田は倉田、倉富、倉益の三新田と共に明暦三年（一六五七）に計画されながら着工されたのは貞享元年（一六八四）である。大坂の商業資本導入に失敗し、地元資金で完成した。

津田永忠の妻女に助けられたおきたの人柱の話で知られる沖新田一九〇〇町歩の開発もこの時期である。

享保元年（一七一六）から幕末までの間、新田開発は一〇三か所、二九〇〇町歩である。この期に児島湾周辺五五か所、三三五町歩のほか興除新田の五か村、五六〇町歩が完成しているが、この期には東備、旭東、岡山周辺に大規模な新田開発は見られない。

第二節　明治初期の児島湾干拓

一　伊木社・微力社等の開墾出願

版籍奉還により禄を失った多数の士族が失業し、商人・農民・役人などの道が選ばれた。不平士族による反乱も明治十年（一八七七）の西南の役をもって終わったが、その間政府の財政は窮乏した。このころから児島湾開墾事業の願書が県庁へ出されるようになった。児島湾開墾の発端は、還禄士族授産のためのものであったのである。

明治六年（一八七三）十二月、還禄士族一四四名が児島湾開墾を出願した。これに対し一名当たり三町歩、合計六〇〇町歩の払い下げが許可されたが、これら士族は各自の権利を他人に売却する者が多く、授産とはならなかった。

明治十一年（一八七八）旧岡山藩家老伊木若狭（忠澄）は児島郡興除沖の海面附洲の開墾を計画、翌十二年（一八七九）十二月をもってその旧臣久岡幸秀を出願人として三〇〇〇町歩の開墾願書を岡山県庁に提出した。この事業体が伊木社である。

児島郡内尾村の岩崎益治（父利兵衛は岡山城下で紙問屋を営む豪商）は先代より家道豊かで開墾にも従事し多くの土地を所有していた。その居村附洲二〇〇町歩払い下げの出願をしている。又、児島郡下村の実業家で十州塩田同盟でも野崎武吉郎らと並んで指導的地位を確立していた渾大防益三郎は旧家で事業を好み、初め伊木若狭と共にしようとしたが意気が合わず、その親族高田直吉を出願人として宗津沖三〇〇町歩の開墾を出願。

明治十三年（一八八〇）旧岡山藩士で後に岡山紡績を設立した中川横太郎・西毅一らは同志の旧士族一〇〇〇名で微力社を結成し、児島湾内四〇〇〇町歩の開墾許可を出願した。

同年旧岡山藩剣術師範阿部守衛は門弟五〇〇余名と共に八〇〇町歩の開墾計画をたてている。

このように児島湾開墾を計画する者は多かったが、それらは漠然と開墾をとなえて町歩の多さを競うだけで、その設計、計画、費用、予算等確立している者はなく、資金計画においても計画性に乏しく、県令はこれらの願い出に対して容易に許可を与えなかった。児島湾のような大規模な開墾を区々の小規模に分割することの不利を見てとっていたのである。

二　生本伝九郎の児島湾開墾意見書

明治十三年（一八八〇）一月、士族授産に関して勅令が出された。これを受けて各地方長官（県令）は属官に命じて士族授産の意見書を提出させた。同一月この命を受けて、この時勧業課の一吏員であった生本伝九郎は次のような児島湾開墾に関する意見書を提出した。

人の業務には農工商がありその中農が最も就労し易いが、両備作三国の地は已に開発の余地が無くなっている。しかしながらここに一大起業であってしかも士族授産に至適な場所がある。備前国児島郡の湾海面附洲全部を開墾することである。自分は数年来調査を続けてきた。しかしながらあまりにも規模が大きく、民力ではどうにもならない。軽挙にこれを説けばかえって世人の笑い者となることを心配する。しかしながら今や聖詔を受け、方法、計画、利害を録して提出する。それは士族授産に止まらず国家の公益である。すみやかに起業を企画し聖旨にお答え下さることを伏してお願いするというのが大要である。

児島湾開墾について「不肖伝九郎は既に数年来熱中調査敢て怠ることなし」に生本の事業家としての一面を見て取ることができる。

士族授産に関する意見書

生本伝九郎伏而高崎県令閣下に白《もう》す。今や士族授産の聖詔を拝す。誠に至仁の叡慮、我が臣民たるもの誰か感激努力せざらんや。蓋《けだ》し人の業務たる其目的夥《おびただ》しと雖《いえ》ども、之を大別して農工商の三とす。而して此三業皆経験を要せざるなし。然れども又自ら就業の難易あるあり。就中農を以て概《おおむ》ね入り易きの業とす。抑《そもそも》現時の士族に於ける皆な祖先伝来の封禄に生長し、曽《かつ》て執業の経験あるもの稀れなり。是れ其将に窮途に陥る状況を見る所以《ゆえん》ならずや。然らば則ち之に産業を授く、宜しく農業に誘導すべきなり。而して農に就かしめんとするか、先ず其耕すべき土地を撰定し、各自応分に所有せしむるの方法を求めざる可からざるなり。夫れ御管下両備作三国は土地全く開拓せられ、更に余地なきが如し。然るに茲《ここ》に一大起業にして又士族授業至適の場所あり、即ち備前国児島郡湾海面附洲全部を開墾する是なり。扨《さて》此起業たる、不肖伝九郎は既に数年来熱中調査敢て怠ることなし。然れども其規模広大、民力の能くする所に琲《あら》ず。軽挙に之を説く却《かえ》て世人の嘲笑を恐る。故に未だ嘗て言外に発せず。然るに今や聖詔を拝し、将に情を告ぐるに天幸を得たり。即ち別に其方法、計画、利害を録し、以て閣下に呈す。その計画方法たる単に士族授産に止らず、実に国家の公益にして、又傍ら地方一般の便益を増進するにあり。伏して乞ふ、閣下の大量以て之を容れ、果断以て之を決し、速に其筋に稟請《ひんせい》（稟の俗字。申し上げお願いする）して起業を企図し、至仁の聖旨に奉答せられんことを。伝に《ママ》郎再拝頓首謹言

赤磐市上仁保上地山最高峰より赤磐平野を望む(矢印は生本伝九郎生誕の地)

(『訂正増補児島湾開墾史全』より)

生本の児島湾開墾計画の発想は、彼が生まれ育った現赤磐平野の状況も大きく影響しているのではないかと考えられる。

写真は赤磐市上仁保の上地山《こうぢやま》最高峰から、赤磐平野中央部、中世の鳥取中荘、鳥取下荘を望むもので、矢印のあたりに生本の生家があった。

この地は平安末期開発領主葛木時末が開発した地域で、中世には鳥取荘と言われて鳥取上荘、鳥取中荘、鳥取下荘に分かれた大荘であり、国衙《が》の徴税を逃れるために朝廷へ寄進したのであろう。名目は長講堂領であるが、実質は皇室のご領であった。年一千石を朝廷に献納している。

生本の生家は鳥取下荘の西北端にあり、この赤磐平野に豊かに実る黄金の稲穂を見ながら成長していったと考えられる。加えて、生本は開墾事業とも関係深い県勧業課の職員であったこと、更には岡山藩が新田開発によって豊かになったことは当然彼の脳裏にあったこと、それらが開墾事業発想の根底にあるのではなかろうか。これはあくまで筆者の想像であり、『訂正増補児島湾開墾史全』によると、ここに言うところの意見は彼の独創かどうかは別として、児島湾開墾史上特筆するべきものではあると思うと記している。

生本はこの上書に起業の計画書を添えたと言われるが、『訂正増補児島湾開墾史全』によると、既に明治三十四・五年ごろにはその全文を入手できない状況にあったようで、彼の自記しているところの要点は、次のようであったとして以下を掲げている。

生本伝九郎の起業計画書

御野郡福島村字松ヶ鼻より児島湾飽浦村に向ひ児島湾口を横断して一大堤防を築き、以て海潮の進洩を防止し、且該《その》堤防に数多の大水門を設け、船舟の航送瀦《ちょ》（瀦の異体字）水の吐洩《とえい》に備へ、即ち以西の海面を耕宅地となし、管下士族に低価或は年賦を以て之を払下け、士族授産の基礎を立つべし。又成効の上は岡山市街より福島通り該新築堤上を経て児島郡、飽浦、宮浦通り小串村迄一大道路を開通し、海陸交通の便を興し、以て岡山市の繁栄を補足すべし。

又備中高梁川より支流を設け、児島湾内を通過して彼の新築堤防の水門を出て、則ち高梁川物貨運輸の便に供せんとす。

果して此の如くせんか。管下両備作三国に通ずる三大河の物貨悉く小串港に輻輳《ふくそう》し、一大繁栄の通商港自ら開くるに至らん。

（『訂正増補児島湾開墾史全』より）

三　県令高崎五六の児島湾開墾見込書

生本の開墾意見書を受けて高崎県令は明治十三年（一八八〇）五月、内務卿山田顕義に次のような開墾見込書を上申している。

備前国児島郡と御野、津高両郡の間に在る長凡五里、幅三里の湾海反別凡一万六千町歩、此湾海退潮の時は殆と潟干となり、凡反別一万余町歩の新開地を得へし。而して其土質は極て膏腴《こうゆ》（地味がよく肥えていること）にして耕地至適の土地なり。該湾の東方御野郡福島より児島郡飽浦に至るの間凡千五百間以内にして、内九百五・六十間は現在干潟湾附洲にして、従来堤内の耕地より高きこと二尺余に至る。残る四百二十三間の海水を横断して堤防を築き進潮を防止せは、湾中一万余町歩の干潟は則一時開墾地となり、旧石高にすれば凡十五万石余にして士族一万余人に恒産を授くるを得へし。抑此開墾見込たる久しく人口に膾炙《かいしゃ》するものにして、昔年故池田新太郎少将のとき熊沢了介・津田左源太等あり。了介は児島湾を断絶して備中高梁川及ひ備前旭川の両流を引き、数年を待たず埋没せしめんことを説き、左源太は彼の沖田三万石を開築せんと云ひ議遂に合はず。当時一の論題となりしも終に左源太の議行はれて了介の説行れさりしと雖も、当時湾海今の如く埋れさる而已ならず、天然自然の人力を以て支ゆへからさると。又封建割據の時勢に付き道路を便にし貨物運搬の公益を謀るもの少なきによるか。如何となれば当今実地に於て之を見るに、御野郡福島より児島郡飽浦に向ひ堤防を築くは、仮令《たとい》湾海中得るところの耕地なきも起さゝるへからさるの土工たり。乞ふ洋に其理由を開陳せん。夫れ今の岡山市街に於る、元来岡山城守の余裕に成立したるものゝ如くなるも、其実は天理自然の地勢にして、市街を組織保続せしものは全く旭川の流水により物貨運搬の便利に源因せしものなる論を俟《ま》たす。而して此岡山の命脉（「脈」に同じ）たる旭川は近来漸次埋れ、近古迄は京橋の下までは数千石の舟を溯《そ》通し商事盛大なりしも、現今は川船のみにして海船は二百石以上を見る稀なるに至れり。茲に於て士農工商となく其開鑿《さく》の方法を講し百方力を尽すと雖も、亦人力の自然に勝つこと能はさるや知るへし。夫れ今の岡山城郭も古昔は一孤島にして市街は海面なりしと。爾来漸次埋没して其東南には沖新田あり。又西南興除、福田の二新開あり。剰《あまつさ》へ彼の寿永年中平家（「源氏」の誤り）の一将たる佐々木盛綱なるもの馬上を以て渡海せし有名なる藤戸も今は彼の湾海より西南里許を隔て遙に陸地にあるを以て知るへし。天理自然は到底人力を以て支ゆへからさる明なり。恐くは今数十年を俟たす児島郡小串端迄は一条の河川となる決して疑を容れす。然れは則旭川を開鑿して古時の如く大船を引かんとするも言ふへくして行はれす。或は断して行はんか。姑息《こそく》に過きす、決して持久の策にあらす。中国に於て船泊の便を取るは地勢と云ひ水理と云ひ児島郡小串に移るや必せり。是に於て福島より飽浦に向ひ湾海を断絶し堤防を築き、岡山より同所迄一直線の馬車道を開くを以て大良策とす。夫れ小串の地位たる南海に臨み四国に対し東西諸国の通船は皆其前面を往復し、又備前吉井、旭の二大川茲に注く。而して旭川の通船は現今美作国真島郡高田村を極とするも、同所より大庭郡下長田村に至る十里半程へ船路を開鑿し、下長田村より伯耆国久米郡倉吉村迄の道路三里を開き、夫より倉吉川に依て北国の物貨に便するは既に数年前岡山、津山、鳥取、勝山の四旧藩の聯合を以て開鑿事業に着手し、殆と成功に垂んとして廃藩置県に際し中止し、後復た去る明治十二年五月中再ひ成功の見込本県より上申し、書類今以て御留置中に有之。此工事竣了の上は旭川は備、作、雲、伯の物産に止らす北海貨物も茲に運輸するに至り、又備中高梁川あり、此川の通船は同国阿賀郡新見村と備後国東条の両所に起り、上房郡松山村に臻《いた》り浅口郡連島に出つ。然るを窪屋郡酒津村より倉敷通り、備前国児島郡天城及ひ彼の児島湾を経て福島より飽浦に至る堤防の水門を通船し小串に至らしめは、三備作雲伯六国は素より北海物貨に至便を興し之と通商する、恐くは馬関博多に譲らさるへく、而して福島より飽浦に向ひ堤防を築くと岡山より小串に達する馬車道を開くと備中高梁川を引くの三業を充分に概算するも凡五・六拾万円を超ゆへからす。而して其湾海中得るところの耕地は凡一万町歩とし、此内千町歩は沿岸漁夫及ひ人民に無代価にて下渡し農業を営ませ失業の憂なからしめ、残る九千町歩を一反歩二拾五円実価は八拾円とし（中略）百七拾万円の純益あり。且其小串港を開き物貨運輸の便益より管下三国及ひ山陰北海の物産にまて影響する間接の公益は実に幾百万円なるを知らす。誠に良善の策と相考申候。

（『訂正増補児島湾開墾史全』より）

御野・津高両郡にある長五里、幅三里の湾海およそ一万六〇〇〇町歩は退潮の時はほとんど干潟となる。土質よく、堤防を築いて進潮を防止したならば、湾中一万余町歩の干潟は開墾地となり、旧石高にすればおよそ十五万石余、士族一万余人に恒産を授けることができる。又岡山から飽浦まで一直線の馬車道を開くのを良策とする。小串は南の瀬戸内航路に臨み四国への交易も容易である。それに吉井・旭・高梁の三川を利用し北海物貨の運搬に供すれば小串は下関・博多に劣らない港となるというような内容のものであった。

高崎県令の見込書は技術的なことや運輸・交通において鉄道を考慮しない漠然としたものではあったが、その着想においてはとるべきところもあった。

さて、前述してきた他にも多くの競争出願者があり、又内部には生本のような論を出す者もあり、児島湾開墾の利害得失についてはしかるべき調査を経て可否を決めなければならない状況に至っていた。

高崎県令は内務・農商務・大蔵の三卿に具申し、その結果内務省雇工師ムルドルの意見を伺うこととなった。彼はオランダ人で水理土木の学術に精通し、我が国に招かれて多くの水理土木に参画してきた人である。

四　ムルドル工師の調査復命書

ムルドル工師は測量項目を挙げて実地の測量図を求めたため、高崎県令は土木課員大塚伊八郎を上京させ指導を受けさせたところ、いくつかの測量項目を示してくれた。

これを受けて岡山県庁は明治十三年（一八八〇）七月をもって測量に着手し、同年十二月実測を完了した。生本・大塚は製図及び調査書類をもって上京し、内務省土木局に進達した。上京の者の中に一課員生本が選ばれていることは、生本がそれまで児島湾開墾にかかわってきたことによるが、高崎県令の生本評価をも表していると思う。

明治十四年（一八八一）二月、内務省はムルドルを派遣し、実地を臨検させた。この後ムルドルは東京へ帰ったが、踏査した所と調査書類、それにムルドルが命じた数項目の調査も間もなく完了し、工師はこれによって一篇の復命書（『訂正増補児島湾開墾史全』附録にその全文を収録）を作成した。この膨大な復命書が同年七月十五日付けで内務省に提出された。この復命書は後の児島湾開墾上の規矩とも言われる重要なものとなった。

ムルドル工師の復命は精密な学術上の研究に基づいたもので、これが提出されると開墾の可否についての議論もなくなった。ついで生じたのはこの事業の資金をどこに求めるかという問題となった。

五　伊木社・微力社の抗争とその結末

高崎県令は工師の復命が開墾に不可なしとの明言により、資金を国庫に仰ごうとしたが入れられず、皇室費で開墾し成功の上は皇室御領地とするのがよいとの議論も起こったという。

県令はかつて幾多の開墾出願者を度外視してきたが、その中でこの事業の大任を負うに足る者に許可せざるを得ない状況となっていた。

多くの出願者は願書を提出して既に二年が経過していた。内務省よりムルドルの派遣もあり許可も間もないだろうと考えていた。出願者中伊木社と微力社は互いに勢力を張り、間諜を放って暗殺を企てる者さえあったという。伊木社は明治十一年（一八七八）元岡山藩家老伊木三猿斎（忠澄）が旧臣久岡幸秀らと三〇〇〇町歩の干拓を計画した事業体である。このような大事業は世の中の信任ということもあり、この点で伊木社は微力社よりも優位にあった。

ムルドルの復命書が出されると、伊木社は自らふるって三十万円の保証金を提供することを一条件として一手に開墾の許可を得ようと県令に願った。この時には既に国庫出資論は絶望視されていたので、県庁の内議は伊木社に傾いていた。

県令は明治元年（一八六八）大庄屋をつとめ廃藩置県後岡山県庁に奉職した県属野崎万三郎を主任として開墾許可の手続命令書案等を調査させ、その成案が提出されるのを待って野崎を伴って上京し主務省に行ったが、許可命令書の条項に異議を生じてその審査に日時を費やし、なかなか決定が下されなかったようである。だがその真相は微力社が委員を上京させ、まず河野敏鎌を説き、その紹介をもって岩倉具視、品川弥二郎、松方正義等を訪問して、児島湾の開墾は岡山県においては士族授産の良好法であることを説いたのである。その説くところは十分に人を傾聴させるに足るものであったが、幾多の難工事を要する事業のためその巨額の資本をどこに求めたらよいかの解答ができなかったという。明治十五年（一八八二）二月のことであった。この資本の事由により、政府は高崎県令の議を入れて伊木社に許可を与えようとする内決に至った。

ここで少し触れておきたいことは中川横太郎、西毅一らの微力社は、実測・設計・諸工事に至るまですべて国で行い、成田となったものを士族に与え、年賦をもって永年で返還させて事業費を回収するという論であった。だが微力社中の多数の論は国から現金で資本提供を受け、微力社の事業としてやろうとするものであった。中川・西は首唱者ではあったが自説が衆論と異なるという理由で中途で脱社することとなった。

中央政府は既に高崎県令の稟《ひん》議書のとおり伊木社に許可を与えることに内決していた。当時微力社は一千余名の士族をもって成立しており、これが激昂すれば事が大きくなることを心配した中央政府は、伊木社へ許可を出すことを公にするに先立ち人を派遣して県令と諮り、開墾成就のあかつきには伊木社は開墾地面一〇〇町歩を微力社に贈与するものとして、これを代金に見積もり金五千円を寄贈することとした。旧岡山藩士中川横太郎の実弟で明治五年（一八七二）以後は士族授産事業に力を注いだ杉山岩三郎も若干円を寄贈した。また、旧藩主池田家からは三万円が微力社に贈与された。微力社はこれによって他の事業を起こすこととなり、花房端連《たんれん》を社長として社名を改めて有終社とした。岡山紡績株式会社の起こりである。

この円満な結末により微力社は伊木社に対していささかも異志のないことを示すため、秘密に所蔵していた無番号のピストル三丁を贈ったと言われている。明治十五年（一八八二）六月のことであった。

伊木社はこれによって一気に開墾許可への好位置を得た。そこで県庁へ差し出すべき保証金三十万円と微力社に寄贈する五千円を用意しなければならないこととなり、同社の藤林多五郎は京都に帰ったが数日経ても送金のことはなく、微力社からは督促が激しく、伊木社の久岡幸秀は藤林のあとを追って京都に行き書面や電報でやりとりしたが要領を得なかった。事実のあるところを聞くと、今まで秘していたが伊木社の資本は東本願寺が出す約束があるとのことである。しかし東本願寺は当時内紛があり巨額の資金を出すことは不可能で、全資本の三分の一ぐらいは負担するが、他はそちらで用意せよとのことであった。

生本伝九郎は高崎県令の内旨を受けて直接東本願寺に赴き、会計主任阿部恵行に会った。東本願寺の意は、このような大事業の資本を独力で支弁する気持ちはなく、幾分かを補助し、開墾成就のあかつきにはその地に末寺を建立して布教をしようと思っているに過ぎない、加えて、只今寺内に紛議があってこれが落ち着いたら資金について協議しようと思っているということであった。

生本伝九郎は帰ってこのことを高崎県令に伝えた。

数日後高崎県令は上京の途次京都に立ち寄り阿部恵行ほか数名の僧侶と会い、取りあえず微力社への五千円と伊木社維持用の若干円を支出してもらった。この事業計画については、阿部は岩倉具視の賛同を得るよう県令に求めている。東本願寺は間接的には岩倉の監督下にあったからである。県令は開墾成就の折にはこれを東本願寺の固定財産とすることは可能であることを岩倉に話した。岩倉もそれが可であると感じて詳細な書類を求め一考することとした。

それから幾日も経たないうちに東本願寺の内紛が激しくなり、終局をも計りかねる状態となり、児島湾開墾のような宗務以外の事業に向ける余力がないこととなった。資金の供給は断たれたのである。

県令は伊木社へ開墾許可を下そうとして内務卿に稟議した責任もあり、今更伊木社が事業に当たるに足らないとは言えず、何とか伊木社に資本の供給を得させたいという思いがあった。そこで生本に伊木社資本主の一人と聞いている伊丹の豪商小西新右衛門を訪ねさせたが、小西は資本主という話はした覚えがないという。そのため伊木社も確然とした資本主なく、大事業をなす見込みのないものとなり、自滅するに至った。

高崎県令の命とはいえ、開墾資本を工面するため東本願寺に行き会計主任阿部恵行と話し合ったり、伊丹の豪商小西新右衛門を訪ねたりする生本の献身的な行動力は高く評価できる。

六　生本伝九郎、藤田伝三郎・鹿島岩蔵等に諮る

伊木社の内情がこのようであることが分かった生本は、確実な資本家を求めなければこの事業はできないと考え、大阪へ行って豪商田中市兵衛・杉村正太郎の両氏を訪ね、児島湾開墾事業計画に関する経過とこの事業が将来有望である理由を説いた。両氏は事業の大きさを知って、到底自分たちでは何ともならないのでよく考えて他の有力者にも諮ってみようとのことであった。生本は再会を期して岡山に帰った。

生本はこの後再び上京し、在京中の大阪の豪商藤田伝三郎を訪ねて児島湾開墾事業の本末を説き、起業の任に当たってくれるように切望した。ここに生本の自己の役目への認識と強い行動力や開墾への情熱を見てとることができる。

藤田はこのような事業に当たることの可否は一朝一夕で論じるようなものではなく、帰阪の上相談する人もないことはないので熟慮して返事をしたいとのことであった。

このころ生本は開墾事業の資本主としてふさわしい人を得ようと、土木請負業鹿島岩蔵をはじめ二・三人に相談している。

東京から帰阪した伝三郎は、先ず杉村正太郎に諮ったところ、杉村が言うには父が在世中児

島湾の実況を視察し、開墾地として最も有望な所であると称賛し、自らこの開墾を計画しようとしたが果たせず、没する時にお前がもし事業を起こそうと思うならこれをやれと言っていた。開墾に適すること疑いなしと答えた。

そのころ岩崎弥之助が来阪し、藤田を訪問した。藤田は児島湾開墾の見込みあることを説き、岩崎弥太郎に共同事業として協力を得たい旨依頼した。弥之助が帰京後弥太郎に協議した結果は、そのころ三菱は郵船事業に力を入れていたので他の事業に意を向ける余裕がない上に、共同事業は好まないということであった。藤田は独力経営の気持ちがなかったため、明治十五年（一八八二）末から同十七年（一八八四）夏まで一時中断された。

藤田伝三郎は天保十二年（一八四一）から明治四十五年（一九一二）の人。長州萩の酒蔵業の家に生まれた。幕末勤王の大義を唱えて国事に奔走し、維新後は官界入りする同志の中にあって産業の育成こそ急務と考え、明治二年（一八六九）大阪に移住し、明治六年（一八七三）兄の藤田鹿太郎・久原庄三郎と共に藤田組を創設し、土木・鉱山業などを営んだ。

第三節　生本伝九郎の開墾出願

一　生本伝九郎・藤田伝三郎・鹿島岩蔵等の組合結成と開墾願書の提出

藤田伝三郎は杉村正太郎、田中市兵衛、東京の鹿島岩蔵、元岡山県勧業課長阿部浩、生本伝九郎数氏と諮り一つの組合を設け、五か条の約定書を作り、生本を出願人として藤田・鹿島はその保証人となり、明治十七年（一八八四）十二月、生本の名義をもって児島湾開墾許可の願書を岡山県庁に差し出した。生本はこの時をもって岡山県の官を辞し、起業の出願人となったのである。

その身は県勧業課の一吏員でありながら、本邦を代表する大富豪数氏を説得しこの大計画の緒を着けたことは、県当局の主唱とは言え生本の意気込み、使命感、説得力、行動力、手腕等々彼の人柄のなせるものであり、児島湾開墾にかかわる生本伝九郎の業績は高く評価される。

願書及び約定書を次に掲げる。

備前国児島郡字児島湾開墾御許可願

御県下備前国児島郡字児島湾開墾の儀は嘗て御庁に於て夫々《それぞれ》御計画相成、地質の良否地盤の高低より潮水の干満緩急に至る迄詳細御取調、其工事方法等御既定相成。該事業適当の資力を有したる者へ御許可相成るへき趣に就ては、今般大阪東京に於て資力を有する数名の同志を得、資金支出の途確立仕候に付ては、右事業特別の詮議を以て私儀へ御許可被命度、願意御聞届の上は御庁に於て御目論見の通諸事御命令遵奉必ず成効可仕候。依て組合約定書添へ保証人相立此段奉懇願候也。

明治十七年十二月五日

岡山県下備前国岡山区片瀬町一番地

願　人　　生　本　伝九郎

東京府下深川区島田町九番地

保証人　　鹿　島　岩　蔵

大阪府下東区高麗橋一丁目一番地

仝　　藤　田　伝三郎

岡山県令高崎五六殿

岡山県下備前国児島郡児島海湾開墾許可を請願するに付約定書

第一条

一　児島湾開墾事業は一時便宜に依り生本伝九郎一名を以て岡山県庁の許可を得るものと雖も、実地着手は此紙尾に調印したる人名の組合事業にして、各自同等の権利義務を有する者とす。而して組合人各地に散在するに付差向藤田伝三郎を以て総理者として生本伝九郎は藤田の指揮を得て実施する者とす。

第二条

一　実地起業は固より曩《さき》に土木局御雇工師の目論見に依り追て詳細なる工費額を定めて各自に負担すべき株数を定むへしと雖も該事業竣工迄の金額凡六拾万円と見込み、内金拾万円は実地着手三ケ月前迄に株数に応して出金し、五拾万円は其翌年より年々参万円宛十七年間に出金する者とす。

第三条

一　此開墾地に付岡山県庁に対し事情ある藤林多五郎、伊木三猿斎、東本願寺等へ事業竣工の上幾分を与ふる等のことは岡山県令の指揮に従ふことに決議す。尤名前人生本伝九郎は右県令の指揮を受けたる時は組合人と協議の上ならては実施せさる者とす。

第四条

一　実地着手迄此事業に付費用手当てとして金千円を備へ置き実費を支弁す可し。尤其費金は組合へ協議の上遣払ふものとす。

第五条

一　許可指令済の上は追て此の約定に基き一同の協議を以て尚詳細なる契約書及組合規則、工事規程等を製定する者とす。

右五ヶ条の通約定確実なり。依て各記名調印する者也

大阪府東区高麗橋一丁目

藤　田　伝三郎

同府同区南久太郎町

杉　村　正太郎

同府西区立売堀

東京府深川区島田町九番地　田中市兵衛
鹿島岩蔵
同府京橋区南紺屋町　阿部浩
岡山県岡山区片瀬町　生本伝九郎

（『訂正増補児島湾開墾史全』より）

二　県令高崎五六の指令

児島湾開墾という大事業の出願人が県庁の元官吏では資力の点においては官の信任は得難かったであろうが、藤田伝三郎外数名の組合があり、出願の保証人が藤田・鹿島であるということもあってか、提出後二十日で県は次のような指令を与えた。

書面願之趣、可及詮議候条、事業着手の順序並工費額詳細取調、組合各自負担之株数等相定め更に可申出事

明治十七年十二月廿五日

岡山県令　高　崎　五　六

第四節　藤田伝三郎の経営

一　生本伝九郎と組合協議の停滞

明治十八年（一八八五）前述の県令の指令に基づき工費の予算を定め願書を提出するため協議の場が必要となり、生本は組合の諸氏に書面をもって集会を求めたが、皆繁忙を理由に都合がそろわず空しく時を過ごすこと数か月に及んだ。当初の熱心さはなくなり他人の事業視するような者も居たという。その間藤田伝三郎だけは技師を派遣して着々と調査を進めていた。

このような状況の中、生本伝九郎はしばらく時機を待つ以外にないと感じてか、同年八月に至り滋賀県の県令中井弘を頼り仕官を求め、同県犬上郡の郡長に任じられている。

『犬上郡誌』『滋賀県市町村沿革史』等には生本伝九郎の名前を見付けることができないが、『滋賀県沿革誌』（滋賀県庁）に「九月四日犬上郡長武田春夫ニ非職ヲ命シ、生本伝九郎ヲ犬上郡長ニ任ス。七日令中井弘勲四等ニ叙セラル。十四日庁中規程ヲ定メ左ノ各課諸係ヲ置ク」とあり同書七十七頁に「（明治十九年六月）十八日小関越ニ検疫支部出張所ヲ置ク。是日丸田正盛犬上郡長ニ任ス」と見えるので生本伝九郎の犬上郡長在任は、明治十八年（一八八五）九月四日から明治十九年（一八八六）六月十七日の間であったことが分かる。『児島湖発達史』に就任を「明治十八年八月」とするは誤認である。そして同年六月中には藤田伝三郎の斡旋で兵庫県勧業課長となっている。

岡山県令の指令に対して提出しなければならない再出願はいつできるか分からない状況になっていた。

一方高崎県令は前述の指令を与えてわずか二日後の明治十七年（一八八四）十二月二十七日参事院議官に任じられて岡山を去った。東京に帰った高崎は政治的責任もあり、適当な起業者を得て事業の推進を図ろうと三菱社の川田小一郎に説いた。

二　岩崎弥太郎の介入と松方正義の調停

岩崎弥太郎は先年藤田の勧誘を辞したが、高崎らの勧誘に従い自ら起業者となろうとしていた。そこで高崎、阿部浩らと協議し、この事業を三菱社単独でやろうとする内約を結ぶと共に、児島湾沿岸で約二〇〇〇町歩の開墾許可地を買収して体制を整えた。

岩崎と阿部との間に起業の内約が成就すると、阿部は書面を藤田に送り、岩崎が単独で児島湾開墾事業を引き受けることとなったので事業を岩崎へ譲渡するよう求め、高崎もこれと同意の書面を藤田に送った。

藤田は今までしばしば技師を派遣して視察調査してきた結果、人には明言していなかったが単独経営の決心が既にできていた。藤田は高崎・阿部の書面に対し、他人への譲与の件については、今日においては承諾しがたいことを伝えた。

その後東京・大阪間で数回書面の往復がなされたが双方がこだわりを示し、書面の往復では相互の気持ちは言い尽くせないと藤田伝三郎自ら上京した。出願の名義人生本も既に上京しており、高崎・阿部と交渉の末関係者一同会合の上所思を吐露して審判者の裁断に一任しようということになった。審判者には松方正義・税所篤を選び、東京芝田町の伊集院兼常宅において高崎・阿部・藤田・生本らが会合して数時間談論した末、松方の調停で高崎も主張を譲り、藤田にこの事業を企画・施行させることに決定した。この時の生本の理路整然とした説得が功を奏したことは想像に難くない。

これが藤田伝三郎が独力でこの事業を経営することとなったはじまりである。時に明治二十年（一八八七）六月のことであった。

三　生本伝九郎・阿部浩と藤田伝三郎との協定

藤田伝三郎の独力事業と決まった三日後、藤田は生本・阿部と会い以後の協定をした。その時生本は藤田に次のような要求をした。それは、藤田は金二万円を生本及び阿部に贈与すること、この外に従来の関係者に対しては一万円以上、一万五千円以下の金額と外に彦崎、米倉川附近において耕地一〇〇町歩得ることのできる未開地附洲を生本に交付し、生本は右の金額と地所とを公平に従来の関係者に配当し、藤田の徳義上の厚意を徹底させることとなり、このために生本・阿部と藤田との間に約定書を作り、生本は兵庫県勧業課長の職を辞して従来の関係者に対する処置に尽力することとなった。

生本はまず伊木社当時の久岡幸秀、興除村東畦の埋めたてにのり出したこともあった大橋源造、藤林多五郎、石原、三橋ら数人を大阪に召集して藤田からのお金の配分方法を協議した。議論紛出してなかなかまとまらなかったが、数回にわたる談合の結果大体の基準が定まり、これによってそれぞれ分配することとなった。ただ特約であった金二万円贈与のことは当時秘密であったが、後日人の知るところとなり生本の不徳義をとがめる者も少なくなかったという。

耕地一〇〇町歩を得ることのできる未開地附洲の中から生本の得た約一〇町歩の地が生本開墾と呼ばれた地である。この地は後に興除村中畦（現岡山市南区中畦）の杉原鷹太郎の所有となり、又一部は作株権が同村東畦（現岡山市南区東畦）の岡田品太郎の保有となっていた特殊な地である。

四　開墾願書の名義変更

このような経緯を経て藤田伝三郎は生本伝九郎以下従前の組合の人々の連印をもって、名義変更の願書を岡山県庁へ差し出した。明治二十年（一八八七）七月のことである。その願書及び指令を次に掲げる。

児島湾開墾事業の義に付御願

御県下備前国児島郡児島湾開墾事業に付、明治十七年十二月中生本伝九郎より藤田伝三郎外一名の保証人相立、猶外数名との組合起業約定書相添へ御庁へ上願仕、別紙写之通御指令相成居候処、今般右関係の者一同熟議の上該事業に関する一切の権利を藤田伝三郎へ譲渡し、同人に於て着手成効候様仕度候間此段御聴済被成下度。仍て前願人及保証人組合人等一同連署を以て奉願候也。
追て起業着手願書並に着手順序等は本文願意御聴済の上藤田伝三郎より上呈可仕候。
明治二十年七月

大阪府東区高麗橋一丁目一番地
起業者　藤田伝三郎
岡山県岡山区片瀬町一番地
当時神戸下山手通七丁目
前願人　生本伝九郎
前願保証人
及組合人　鹿島岩蔵
東京府京橋区南紺屋町拾番地
組合人　阿郎《ママ》浩
大阪府西区靭上通三丁目八番地
同　田中市兵衛

大阪府東区南久太郎町二丁目六番地
同　　杉　村　正太郎
岡山県知事　千阪高雅殿

書面起業者名義換之義、聞届候条最前指令の通該事業着手の順序並工費額等詳細取調可
願出事
明治廿年八月二日
岡山県知事　千　阪　高　雅

（『訂正増補児島湾開墾史全』より）

この名義変更の指令により児島湾開墾の計画は全く藤田伝三郎独力の経営事業となるに至った。藤田はこの後自ら岡山県に出張して児島湾の実況を視察した。この間数日岡山に滞留し、この事業に関係ある官民数十名を観風閣に招待した。この時の彼の演説が『訂正増補児島湾開墾史全』に抄録されているので次に掲げる。

児島湾開墾事業は一己営利の目的に外ならずと雖も其性質国家の公益に属し、起業者は幾

十万の資本を投じ数十年の後に至て僅に其の資本と利子とを回収するに過ぎず。況んや海面の事業にて其の損益の如きは事業大成の上にあらざれば未だ容易に之れを予言すべきにあらず。之れに反して地方人民は此事業資本の放下に由りて起業中は勿論竣功後に於ても間接直接に利する所蓋し尠からざるべし。故に余は信ず地方人民は必らず此事業の企画を歓迎するならん。余も亦地方人士と共に永く慶福を受けんことを望む云々。

児島湾開墾事業は国家の収益であり、万難を排して実現を期そうとする藤田の覚悟が強く感じられる。

このようにして児島湾開墾事業は藤田の独力経営事業となっていくが、これが一般地方にも知れわたり、地方人民を愚弄したものとの声も出てあちこちに可否の評論がでてきた。明治二十年（一八八七）から同二十二年（一八八九）の間である。

五　命令書への対応と請書の提出

藤田は開墾事業を完成するため官府に関係する事業は一切これをなげうち着々と準備を進め

た。児島湾七〇〇〇町歩のうち五五〇〇町歩を独力で開墾しようと企画し、明治二十二年（一八八九）オランダ人技師ムルドルの計画を基礎として第一区から八区に分けて開墾することとし、県庁の示す十六条から成る命令書（後に「別紙」として掲げる）の趣意に基づいて工費予算、成功見込み期限等の書類を作成し、明治二十二年五月これを県庁へ提出し、同月十六日付でその許可を得た。

指令庶開第一号

大阪府東区今橋二丁目一番屋敷

藤　田　伝三郎

明治廿二年五月児島湾開墾願之趣許可候条、別紙本命令書に対する請書差出すべし。

但工事着手の際は予め一区画限り更に其工事仕様及工費の予算書を添へ其方法順序等詳細届出べし。

明治二廿二年五月十六日

岡山県知事　千　阪　高　雅

藤田は許可を得ると同時に命令書に対する請書を提出した。

（別紙）

児島湾開墾命令書

第一条

免許人は土木局御雇工師ムルドル氏の計画に随ひ別紙図面の符号第一より第八迄の堰堤を築き、且其事業関係ある左の工事を負担すべし。

一　上道郡江並村の内字三蟠より児島郡宮浦村の内高島迄堰堤を築き、道路を造成すること

二　旭川の吐口を改良する為め県庁に於て施設する導水堤に接続し、其海面に属する部分を、県庁の指揮に従ひ漸次築造延長すること

三　彦崎、米倉両河の航路を好良にする為め導水堤を築造し、且工事中水位の高低を量り土砂を堀鑿すること

四　工事の模様に依り吉井川吐口の改良を要することあるときは県庁の指揮に従ひ施行すべきこと

第二条

免許人は竣工の確実を表する為、証拠金として事業着手に先ち一ケ月前に予算工費額の二

十分の一に当る金額（但国立銀行の預り手形若くは此金額に相当する公債証書）を県庁に差出すへし。

第三条

証拠金は全工事竣工の上にて下戻すへし。

但毎区工事竣工毎に県庁に於て不□合なきと見認る上は、其工費予算額の比例に準し之を下戻すべし。

第四条

該事業は免許を得たる後一ケ年以内に起工し、其起工したる月より二十ケ年に竣工すべし。

第五条

工事の順序はムルドル氏符合に拠り着手の時予め県庁に届出つべし。

但工事上自然其順序若くは区画の変更を要する場合を生したるときは其都度県庁の認可を受く可し。

第六条

工事中県庁は官員を遣り工事を監視し公共の利害に関し必要と見認むるときは工事の変更を命することあるへし。之か為め工費予算総額二十分の一迄の増費を要するも免許人は其工事の変更を拒むを得ず。

第七条

免許人免許を得たる後一ケ年を経て起工せず、又は起工後二十ケ年に竣工せず、若くは第一条に示したる工法及六条の場合に於て県庁より命する工法に違背したるときは其免許を解くことあるべし。

但、天災又は已むを得ざる事故に依り工事遷延したることを証明し、県庁に於て之を是認したるときは更に相当の延期を与ふべし。

第八条

第七条に依り免許を解くの場合に於ては下戻未済の証拠金、工事未成効の区分に属する構造物は悉皆官没すべし。

第九条

免許人は県庁の許可を得るに非れは免許の工事を他に譲与することを得ず。

第十条

工事竣成の後道路、堰堤、溝渠、溜池等は官有とし、図面第一号より第八号迄の地所は無代価にて免許人に下付し鍬下年季を付し、年季中素地価を定め賦租すへし。又旭、米倉、彦崎等の河傍に堤堰築造の為め成立たる地所にて差支なき場所は仝様下付すべし。

第十一条

第十条の地所は順次成功届出に依り其都度検査の上、下渡すものとす。

第十二条

新開地内に設くる道路、橋梁、溝渠、閘門等他の道路、橋梁、溝渠、川流等に連続するものは県庁の指揮に従ひ工事中は免許人自費を以て築造修繕すべし。

第十三条

一般の法律規則に因り該事業に不利あるも免許人は官府に対し其損失を請求するを得ず。

第十四条

該事業を起したるが為め他に妨害を生することあるときは免許人に於て一切負担し之を解除すべし。

第十五条

免許人は工事に関する諸帳簿を整頓し置き県官の需に応し査閲に供すべし。

第十六条

免許人に於て前条に違背し県官の督責を受くるも尚之を改めさるときは其免許を解き第八

条に照し処分すべし。

明治二十二年五月十六日

（『訂正増補児島湾開墾史全』より）

この時に至り藤田は岡山に出張所を設け、藤田組社員下河辺貫四郎を代理として派遣し、農学士三浦泰輔を招いて開墾後の植物栽培等の研究に従事させた。

六　起業許可の告示

明治二十二年（一八八九）五月二十三日をもって県庁は藤田伝三郎に次のような起業許可の告示をした。

岡山県告示第四十号

児島湾関係郡村

児島湾開墾の儀は従来詮議中の処今般大阪府下藤田伝三郎へ起業許可候条此旨心得の為め告示す

明治二十二年五月廿三日

岡山県知事　千　阪　高　雅

だが、地元民には賛否両論あり、漁民は生業を失い隣接町村は水害を被るという理由を力説して猛反対した。しかしながら藤田の決意は固く、明治三十二年（一八九九）五月起工し、同三十八年（一九〇五）四六六町歩を竣工した。これを灘崎村及び庄内村の二村に分割編入し、次いで明治四十五年（一九一二）四月第二区一二九八町歩を竣工し、一部を興除村に編入し、その外全部をもって藤田村を新設した。竣工した農地の大部分は藤田組児島農場において経営された。

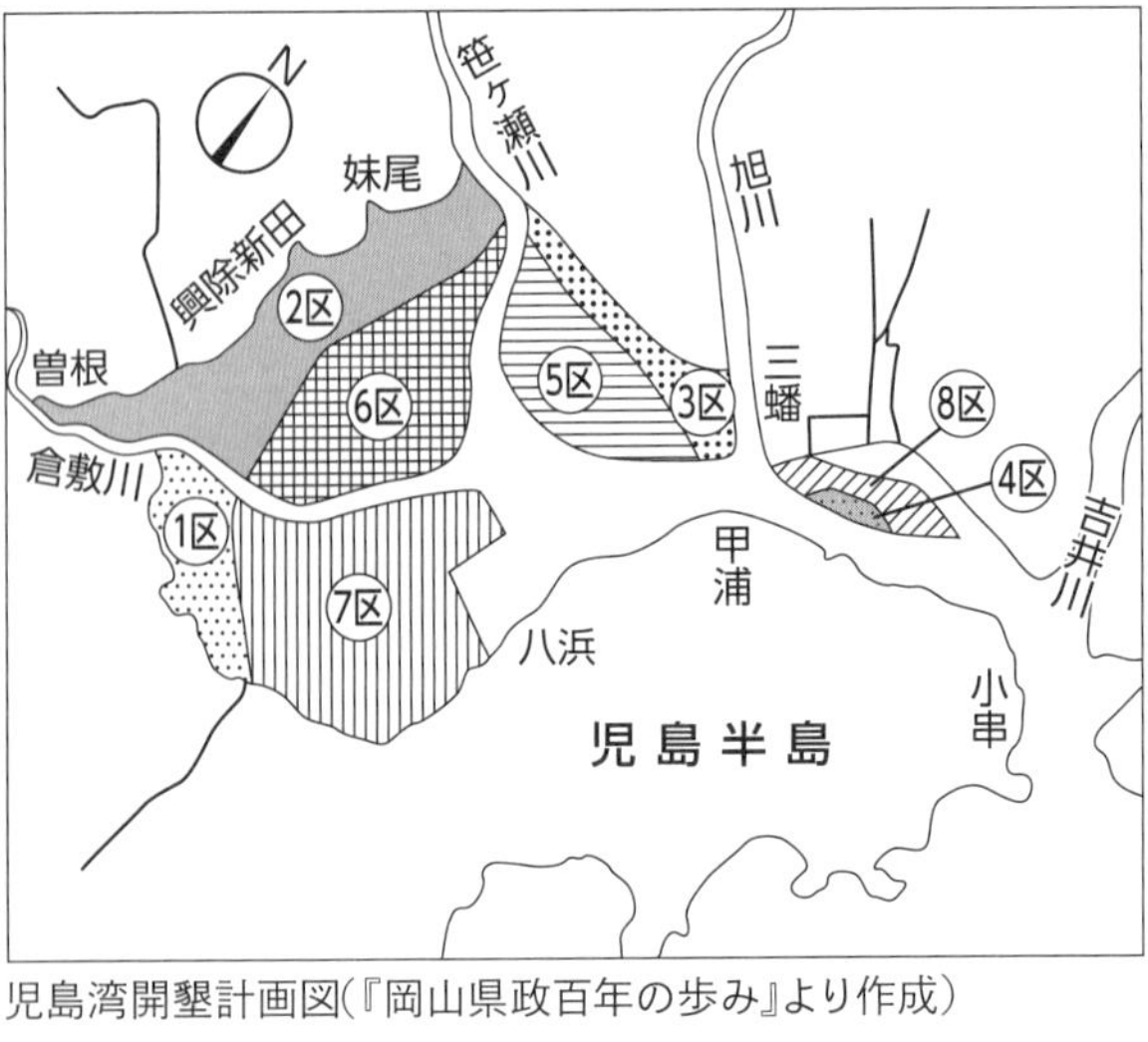

児島湾開墾計画図（『岡山県政百年の歩み』より作成）

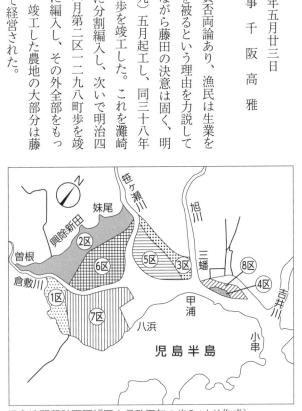

第五節　生本伝九郎と児島湾開墾起工三周年祝賀会

一　祝賀会の状況

明治三十五年（一九〇二）五月十五日は児島湾開墾起工三周年に当たり、同十八日第二区第一号地内彦崎川沿い旧大曲において起工三周年の祝賀会が開かれた。来会者は児島湾沿岸十か町村長以下役場吏員、村議会議員、小学校長、四郡連合及び二郡連合調停契約委員、その他時事新報、大阪朝日新聞、大阪毎日新聞、中国民報、山陽新報、関西新聞等の記者およそ二百余名であった。開墾事務所長本山彦一の開会の辞の後、同主任渡辺弁三の工事着手以来の成蹟及び施工順序の報告があった。

続いて来客者の祝詞、演説等十人に及んだ。『訂正増補児島湾開墾史全』には井上守太郎と生本伝九郎の祝詞の抄録が掲載されている。

生本がこの席に招かれて祝辞を述べていることは、彼のこの事業にかかわる功績の大きさを示しており、又その祝辞が掲載されていることはこの書の著者の生本評価の高さを示していると考えられる。

二　生本伝九郎の祝詞

諸君私は生本伝九郎と申すものでございます。此の児島湾開墾には深い縁故がありますので何か一言述べよとの御勧めにより失礼を顧みず爰に上がりました。偖《さ》て私の述べたいことは多々ありますが、只一・二の感じを取り撮《つま》みて申し述べます。第一此の起業三周年の祝賀会に列して諸君と共に祝するの幸ひを得たるは満胸の喜び禁ずる能はざる所でございます。会主と来賓諸君に向ひ拝謝して自ら喜ぶの一言を以て祝詞といたします。

扨《さ》て児島湾開墾既往の歴史は多くありますが、其中に著しき大騒ぎが二回であります。其第一回は巳（已の誤り）に本山君が述べられた通りで、明治十年より同十五年迄に渉る開墾起業者の競走でありました。第二回は明治二十年以後の非開墾の騒ぎであります。見らるゝ通りの海を変じて陸地とするのであるから若しも意外の災害を生ずる様なことはなきかと一時掛念せられた訳けであって、非開墾論の発したのも強ちに無理とは存じませぬ。凡そ如此事業は反□があって後ちに治定したのが堅固で宜しひのであります。元来児島湾其のものは此処より見渡し得らるゝ限りの平坦なる陸地は悉く児島湾の領有する処でありましたので、現今の数倍有ったのでございます。然るに諸君及び吾々の祖先が数十回に攻め落して占領し元の御野、上道、津高、都宇、窪屋、児島の数郡に分有せられて、現在の児島湾は其残り海でございます。結局此児島湾は漸次開墾せられて陸地となるのが天理自然に於て免れ得ないのであります。一時掛念して非開墾を主張せられたる諸君も此の自然の理を了解せられ起業三周年の此祝賀会に既往の反対者と賛成者とに別なく相共に列席して祝賀の意を表せらるゝに至ったのは誠に目出度いことでございます。又起業者藤田伝三郎君が此の児島湾開墾の関係は今年までにて二十一ケ年の長きに渉り、其間十八年の長年月間猛烈なる反対に耐へ、又一面は起業の経営に怠らず種々の障礙《しょうがい》を排して今日あるに至った次第で、其長年月間の苦心といふものは察するに余りある所でございます。爰に私が感ずる所を述べますれば藤田伝三郎君が此の児島湾を攻め落とされたる作戦計画は恰かも彼の仏国と戦って勝を制し以て聯邦を統一せられたる独逸皇帝に似たる所がある。又一定の鉄案を持して泰然動かず、補佐其宜しきを得て一点の違算なからしめたる本山彦一君は鉄血宰相ビスマーク公に似て居る。夫れから技師渡辺弁三君を始め事務員諸君は誠心誠意現に見らるるが如き長堤の戦線を張り堅固なる長蛇の陣を敷き激浪怒濤をして一歩も侵入することの出来ぬ様にしたのはモルトケ将軍以下諸名将の如くであって、勇将の下に弱卒なく上下其人を得て居るから児島湾開墾の完成は勿論何れの国に如何なる事業を起こさるゝも必らず成功を期し得らるゝことゝ信じます。長談議は却て諸君を煩はすの恐れがございますから一言以て祝意を表します。（抄録）

生本　伝九郎

反対者、賛成者の別なく起業三周年の祝賀会に集まり祝賀の意を表すに至ったことを喜び、強い反対があったにもかかわらず起業者藤田伝三郎の熱意と努力により今日を迎えることができたと藤田の徳をたたえている。そこには自らの功績を誇る言葉は見当たらない。生本の人物の一端を知ることのできる貴重な史料の一つである。

第二章　十州塩田組合本部長生本伝九郎

第一節　十州塩田同業会の創立と塩田条例の発布

一　十州塩田同盟成立の経緯

長年にわたって行われてきた日本特有の塩田製塩は昭和四十六年度（一九七一）をもって消滅した。日本の塩業がどのような発展をしてきたかについては『日本塩業大系近世』に詳しく述べられ、同史料編には豊富な史料が紹介されている。

日本塩業において、十州塩田同盟の存在は近世日本塩業の歴史的性格を示す史実であると共に、近世日本塩業と近代日本塩業とを直接結ぶ意味をもっているので次に触れておく。

近世幕藩体制下における塩田、特に入浜塩田は瀬戸内海沿岸に位置した播磨、備前、備中、備後、安芸、周防、長門、阿波、讃岐、伊予の十州、現在の兵庫、岡山、広島、山口、徳島、香川、愛媛の七県に集在し、この十州地域で生産される塩が全国供給高の圧倒的比重（約八割程度と言われる。）を占めていた。従って十州で生産される塩の多少が全国への供給、価格に影響した。

十州塩田同盟は我が国製塩業の主産地である十州の塩業者が享保期（一七一六～一七三五）以降における各地塩田の開拓、それによる塩の生産過剰、塩価の下落などの塩業危機に直面し、その打開のため一致同盟して休浜法の実施を図ろうとしたものであった。

休浜法はその始まりを宝暦十三年（一七六三）に安芸国生口島瀬戸田浜の三原屋貞右衛門発案の二九法（二月から九月に至る間を製塩し、その他の期間は休業）に、更にそれを発展させた明和八年（一七七一）に成る周防国三田尻浜の田中藤六提唱の三八法（三月から八月に至る間を製塩し、その他の期間は休業）に求めることができるが、要するに一定期間の休業を行い生産額を減少させて需給の調節を図り、塩価の維持と生産費の軽減を図ろうとしたものであった。

生産諸条件と市場関係を異にする十州の塩業者が藩域を超えて休浜同盟を結び活動するにはかなりの長い期間を要した。その経緯を見ると、明和九年（一七七二）に厳島集会において周防、長門、安芸、備後、伊予の五か国同盟が成立、文化九年（一八一二）には播磨が加盟した。これを契機として文化十年（一八一三）からは隔年に安芸の厳島と備前の瑜伽山で集会をもつことが決定し実施された。その後文政三年（一八二〇）に阿波が加盟、天保三～四年（一八三二～一八三三）には備前が加盟、嘉永四年（一八五一）には一時脱会していた伊予が再び参加、嘉永六年（一八五三）には讃岐が加盟して備中を除く九か国同盟が成立、明治九年（一八七六）六月の高松集会において備中が参加し、ここに名実共に十州塩田同盟が成立した。

このようにして成立し展開されていった十州塩田（休浜）同盟が明治維新の混乱期にも中絶されることなく継続強化され、やがては十州塩田同業会、十州塩田組合へと発展していったのである。

二　休浜同盟の強化と反同盟的動きの発生

明治元年（一八六八）から同四年（一八七一）までは維新の動乱と雨天等の社会・自然的条件により塩価は高騰し集会への不参加浜所も多く、休浜盟約は弛緩した。明治五年（一八七二）から塩価は下落し、一方石炭代、諸道具代、労賃など生産経費の上昇に伴い塩業経営が悪化する中で休浜への関心が急速に高まり、明治八年（一八七五）から十州同盟は一新して再編強化されるに至った。

この年の集会では、従来の休浜の取り決めに加えて違約の場合は過料を徴収することが決められ、備中を除いて同盟に加入し、浜所は三八浜、釜屋数は一六四〇軒に達し、十州塩業者の団結は強化された。

しかしながら明治十年（一八七七）には盟約不参加浜も出、その説得や不参加浜の会費の負担などの財政的問題も生じ、その上休浜法によって国内製塩業の真の発展を図ることができるかどうかという理論的対立も生まれ、反同盟的動きが生じてきた。

こうした事態の中、明治十年（一八七七）四月事態解決の具体策として政府に対する「塩田御保護上願」が提起された。

請願の内容は製塩条例を発布して月を限っての製塩を強制し、塩業者を保護されたいという趣旨のものであった。

上願委員代表の井上甚太郎は明治十一年（一八七八）に上京して内務省に請願したが、その際内務省の某吏員から、もし請願を許可すれば塩価の高騰が実現し、十州の同業者が有利になるように考えるのは早計であり、むしろこういう事態は大阪以東の製塩者を利することとなり、又塩田適応地は競って開拓を行い生産が増加してかえって塩価は下落することが指摘された。

井上甚太郎はこれを聞いて、請願が許可されないであろうことと実益のないことを悟り、西帰して顛末を同業者に伝え、総代を辞任しこれを契機に休浜法と決別することとなった。

三　十州塩田同盟の停迷と十州塩田同業会の創立

十州同盟の停迷は明治十四・五年（一八八一・一八八二）ごろまで続いた。この間十二年（一八七九）十二月の讃岐丸亀会議で、同盟を強固にするため十州塩田勧業会社を設立することが提起されている。これは会社法の適用を受けて十州同盟の改組を企画したもので、従来どおりの休浜の実施と共に国内需要の残りの塩は海外に輸出することを企画していた。

こうした中で讃岐の代表者井上甚太郎は日本塩業の発展は単なる生産制限では不可能で、生産費を減少させることが重要であることを主張した。

製塩業者の大多数の発言は、塩田不況を打開するためには三八法（休浜法）の強力な実施と、国家的強制を求めて塩田条例を政府に請願するべきであるとの意見であり、政府吏員もこの結論に賛意を表した。十州塩田同盟も清国への輸出の請願、塩田条例発布の請願、十州塩田勧業会社設立の請願の運動などをとおして中央政府との接触が深まり、政府の国内塩業への関心もしだいに高まってきた。

明治十七年（一八八四）二月から三月にかけて、十州塩田同業会創立が政府に出願され、同年五月二日農商務卿松方正義から正式に認可された。十州塩田同業会は休浜法を推進してきた旧来の十州塩田同盟を踏襲したものではあったが、農商務卿の特許のもとに設立されたもので、従来の十州塩田同盟とは異なるものであり、又製塩上の改良と外国への塩の輸出をかかげているなど画期的なものであった。

この十州塩田同業会も伊予・讃岐地方に未同盟者が続出し、同会の規則ではしばることができなくなった。同業界の崩壊を恐れた同会会頭秋良貞臣は、明治十八年（一八八五）七月十五日付けで農商務卿西郷従道に対して塩田条例の発布を請願した。

四　塩田条例の発布

政府は明治十八年（一八八五）八月三日付で次に掲げる農商務省特達（ロ水「甲第《朱書》」二四「号《朱書》」を十州に対して発した。

（農商務省特達）（明治十八年八月）

（国立公文書館所蔵「公文録」より）

ロ水「甲第《朱書》」二四「号《朱書》」

十州塩田組合取締方達之義ニ付御届

山陽南海十州播磨・備前・備中・備後・安芸・周防・長門・阿波・讃岐・伊予塩業者連合団結シ改良進歩ヲ企図スルノ目的ヲ以テ開設シタル十州塩田同業会認可ノ義、昨十七年七月十八日付ヲ以テ及御届置候処、人民相互ノ規約ノミニテハ実際取締上不完全ニシテ難捨置事情モ有之、兵庫県外五県ヘ別紙之通相達候ニ付写書相添此段及御届候也

明治十八年八月三日

農商務卿伯爵　西郷　従道　印

太政大臣公爵　三条実美殿

〔別紙〕

（朱書）「ロ水甲第二四号」

達　案

兵庫県
岡山県
広島県

各　通

山口県
徳島県
愛媛県

山陽南海両道ノ内、播磨・備前・備中・備後・安芸・周防・長門・阿波・讃岐・伊予十州ノ製塩ハ全国著大ノ物産ニシテ一日モ其取締ヲ忽カセニスヘカラサルハ勿論ノ義ニ付、去十七年五月中十州塩田同業会創立出願ニ対シ特別ヲ以テ認可ヲ与ヘ置候処、此際更ニ十州塩田組合ト改称シ、左ノ条項ニ従ヒ規約ヲ更正セシメ益其基礎ヲ鞏固ナラシムル様可取計此旨特ニ相達候事

明治十八年八月一日　農商務卿

一　十州ノ間ニ於テ製塩ノ業ヲ営ムモノハ総テ十州塩田組合ニ加入シ其規約ニ従フヘシ
一　製塩ノ事業ハ一ケ年間六ケ月ヲ限リ猥リニ其制ヲ超ル事ヲ得ス
一　製塩取締ノ為メ十州ノ間一ノ本部ヲ置キ各地適宜ノ場所ニ支部ヲ配置スヘシ
右ノ外組合ニ必用ナル各項ハ曩ニ十州塩田同業会ニ認可スル処ノ規則ニ拠リ増補更正ノ上更ニ可伺出事

これは十州塩田同業会を十州塩田組合と改称し、「一　十州ノ間ニ於テ製塩ノ業ヲ営ムモノハ総テ十州塩田組合ニ加入シ其規約ニ従フヘシ」、「一　製塩ノ事業ハ一ケ年間六ケ月ヲ限リ猥《みだ》リニ其ノ制ヲ超ル事ヲ得ス」、「一　製塩取締ノ為メ十州ノ間一ノ本部ヲ置キ各地適宜ノ場所ニ支部ヲ配置スヘシ」というものであった。これによって法的な裏付けがなされた。同年八月末日までにはそれぞれ各県によって県布達をもって公布された。岡山県は八月二十五日付けで岡山県達丙第四拾三号をもって布達されている。

〔付〕（岡山県達）　　〔野崎家文書より〕

丙第四拾三号

邑久・和気・児島・浅口・小田

郡役所塩田所在戸長役場

山陽・南海両道ノ内、播磨・備前・備中・備後・安芸・周防・長門・阿波・讃岐・伊予十州ノ製塩ハ全国著大ノ物産ニシテ一日モ其取締ヲ忽カセニスヘカラサルハ勿論ノ義ニ付、去ル十七年中十州塩田同業会創立出願ニ対シ特別ヲ以テ農商務卿ヨリ認可ヲ与ヘラレ、此際更ニ十州塩田組合ト改称シ、左ノ条項ニ従ヒ規約ヲ更正セシメ、益其基礎ヲ鞏固ナラシムル様今般其筋ヨリ達有之候条、一層注意履行可致此旨相達候事

明治十八年八月廿五日

岡山県令　千　阪　高　雅

一　十州ノ間ニ於テ製塩ノ業ヲ営ムモノハ総テ十州塩田組合ニ加入シ其規約ニ従フヘシ
一　製塩ノ事業ハ一ケ年間六ケ月ヲ限リ猥リニ其制ヲ超ル事ヲ得ス
一　製塩取締ノ為メ十州ノ間一ノ本部ヲ置キ各地適宜ノ場所ニ支部ヲ配置スヘシ
右之外組合ニ必用ナル各項ハ嚢ニ十州塩田同業会ニ認可相成居候処ノ規則ニ拠リ増補更正ノ上更ニ其筋ヘ可伺出事

間もなく明治十八年十月二十九日付け（広水甲第三七号）をもって、『第一項「製塩ノ業ヲ営ム」ノ七字ヲ「塩田ヲ所有スル」ノ七字ニ改ム』と改正された。

この特達は更に明治二十年（一八八七）十二月二十日付け（水第五七号ノ二）をもって、その「第二項制限法実行ヲ中止」している。

第二節　十州塩田組合の紛争

一　十州塩田組合の発足

農商務省特達により、生産制限をする休浜法に法的根拠が付与されることとなった。明治十八年（一八八五）九月三日から同二十四日まで備前瑜伽山において「十州塩田組合規約」を審議・決定し、翌十九年（一八八六）一月二十六日付で農商務大臣谷干城宛に提出し、同年四月九日認可されて正式に十州塩田組合が発足した。

しかしながら、この組合規約の根幹である六か月休浜に異議を唱える浜が少なくなく、「少数孤立及び事情のある浜所」には延業日数を許可することを余儀なくされるに至った。

明治二十年（一八八七）九月の十州塩田組合本部第二回通常会決議書第十条によると、

「部長選挙ハ当器ノ人ヲ得ンタメ之ヲ内会ニ付シ委員ヲシテ其手続キヲナサシメ、更ニ本会ニ於テ委員中田八十八・山根健索ノ推薦ニヨリ左ノ人名ヲ撰定ス

生本伝九郎」

と見え、生本伝九郎が十州塩田組合初代本部長に推挙されている経緯が把握できる。

二　休浜に対する東讃支部等の反対闘争

明治二十年（一八八七）八月から九月の十州塩田組合第二回通常会（神戸会）では二つの注目するべき事柄があった。一つは朝鮮への食塩輸出計画を立案しようとしていること、他の一つは会議の中途で東讃支部代表が退場する事件が起きていることである。

議決書第八条、朝鮮国への食塩の輸出計画についてはは是非の如何を十分検討審議し、よりよい考えを得て少しでも早く実行されるよう切望するとの記述が見える。

有限製塩輸出会社定款草按（明治二十年十一月）

本部第二回通常会決議第八条朝鮮国へ食塩輸出計画方法別冊之通委員秋良貞臣立案候条、本会ニ於テ其当否ノ如何ニヨリ充分討論審議シ、尚宜シキヲ得テ速ニ実行アラン事ヲ切望ス

明治二十年十一月　日

十州塩田組合本部長　生本伝九郎

また、当時東讃支部代表であった井上甚太郎が「塩業ノ制限ヲ解キ全国同業者ト連合一致ス可キ建議」を議案として提出し、これが廃案となると、生産制限がいかに劣策であるかを演説した後、井上甚太郎、松本貫四郎、山下有隣の東讃支部代表者が相次いで退場したのである。

そもそも東讃支部が一致団結して休浜法推進の本部に抵抗した要因は、第一に生産制限反対の急先鋒であり、近代塩業論の理論的最右翼であった井上甚太郎が支部長であったこと、第二に東讃の塩業構造から「一日怠レバ一日ノ活路ヲ失」う状況にあり、効率の悪い冬場でも周年営業でなければ生計を維持することが極めて困難であったこと、第三に東讃の気候・風土が夏季と比較して冬季もあまり生産低下を生じない地域であること、第四に東讃は十州塩業者の中でも少数孤立の浜所であること、などなどによると考えられる。

最大の論点となったのは休浜法である三八法の評価についてであった。十州塩田組合本部長生本伝九郎が三八法は生産費を節減して塩業者に有益をもたらすものであると全面的に支援したのに対し、井上甚太郎はそれがかなり事実とくい違ったものであることを主張した。

零細塩田と「夥《か》多の細民」を基盤とする東讃支部の生産制限反対闘争は、政府への請願や実力行使に発展し、閉業期限日が過ぎても営業を続行した。

第三節　生本伝九郎と井上甚太郎との論争

一　『塩業利害説明並東讃紛議実歴前篇』の概要と原文

井上甚太郎及びその指導下にあった十州塩田組合東讃支部と同組合本部（本部長生本伝九郎に代表される）との間にくり広げられた論争・紛争については先にも触れたが、これらの関係史料が刊本として残されていることは、紛争の経緯・内容を知ることができるだけでなく生本の人物を知る上でも非常に貴重なものである。次にその史料を示す。

（井上側史料）

（一）『日本塩業改良の始末』在讃岐高松　井上甚太郎　明治二〇年二月二日　讃岐高松浜之丁新居活版所印刷　厳禁売買　代謄写以活字

（二）『第二回十州塩田組合東讃支部会決議書』（十州塩田組合東讃支部規約御認可願・規約・細則・第二回開会ノ議案説明書ならびに議案、第二回支部会決議書が合本されたものから抄出）

（三）『十州塩田組合会議事報告』東讃支部長　井上甚太郎　明治二〇年九月一一日　非売品

（四）『讃岐国阿野郡阪出村古浜塩業調査書』明治二一年五月八日　讃岐国阿野郡阪出村古浜塩田所有者総代人　井上甚太郎　厳禁売買　代謄写以活字

（五）『塩業制限ノ非理無稽ヲ修飾スル十州塩田組合本部長生本伝九郎氏ノ弁明ヲ再駁ス』在讃岐高松　井上甚太郎　明治二一年五月二五日　厳禁売買　代謄写以活字

（生本側史料）

（一）『塩業利害説明并東讃紛議実歴　前篇』明治二一年一月一五日印刷　同年一月一八日出版　著述兼発行人　滋賀県士族　生本伝九郎　印刷所　耕文社　印刷人　三重県平民　橘磯吉

（二）『塩業利害説明前篇附録』明治二一年一月一五日印刷　同年三月二六日出版　著述兼発行人　滋賀県士族　生本伝九郎　印刷人　三重県平民　橘磯吉　印刷所　耕文社

（『日本塩業大系　史料編　近・現代㈠』より）

生本伝九郎は明治十九年（一八八六）六月兵庫県勧業課長に就任、翌年六月児島湾開墾が藤

田伝三郎の単独事業と決定したため、生本・阿部と藤田との協定の後仕末のため兵庫県の官職を辞任し、明治二十年（一八八七）十二月『塩業利害説明並東讃紛議実歴前篇』を執筆している。

これには、三八法（六か月営業）の利害及び第二回通常会（神戸会）後の東讃紛議の実歴が詳しく記され、貴重な史料となっている。しかもこれが刊本となっていることはその価値を高めている。

ここでは、生本側の史料『塩業利害説明並東讃紛議実歴前篇』により、塩業利害の説明と東讃紛議の概要及びこの史料から窺《うかが》える生本の人物について見てみたい。まずその概要を記す。

十州塩田組合塩業の利害得失、東讃支部の紛議は東讃支部内二・三人から出たものである。十州塩田組合本部が東讃支部に対して反論していない理由は、事情が切迫しない限りは反対者の弁論を妨げず輿論に彼の非理と誤りを判断させる時機を待っていたからである。東讃支部の言うところは無理なこじ付けで事実と異なるところがあり、これによって輿論を動かすことはできないと考えている。

政府は明治十三年（一八八〇）以来数年間十分な調査をして組合の必要を認めており、明治十八年（一八八五）八月ロ水甲第二四号をもって六県十州へ三項の令達を発している。事実とくい違う反対論のために変動するようなものではない。

自分は組合本部にあって十州九支部の平和を維持し、又東讃塩業者の福利をも保護しなければならない職務にある。この目的の性質及び利害並びに東讃支部紛議の事実を説明し、識者の判断を請う必要に迫られ、本意ではないが東讃支部反対者の筋道の誤りを排撃せざるを得なくなった。

本組合の目的の一つである三八法（六か月営業）をもって当業者に不利と認めたり、経済的道理に背くものとしたり、生産高を減じ価格を騰貴させるとしたり、更には明治十八年八月の農商務省ロ水甲第二四号の特達は政府がするべきではない制限と判断したりしている。これは反対者の説のみを聞いていることに由来している。自分は不本意ではあるが理にかなっていないことや誤りを排撃しようと思う。

自分はこの説明をするに先立ち五項目を掲げて説明する。文の拙劣はさておいてその意議を洞察し、質問があればばして欲しい。

そして第一項において、六か月営業は生産費を減じる良法で塩業者当然の目的であること、第二項において、六か月営業は価格を騰貴させるものではない、従って消費者に害はなく社会の公益となり経済原理に適合すること、第三項では六か月営業を解放すると営業者に困難を来し結局社会一般の消費者も又弊害を免れないこと、第四項においては、明治十八年八月の口水甲第二四号特達は十州中に百余年間にわたって行われた慣習法を保護したもので、政府が制限を加えたものではない、殖産上保護政略を図る上で当然の政務であるとし、第五項において東讃支部紛議の由来及びその実況を述べ、以下この五項目についてそれぞれ詳しく説明している。

第一項の説明

製塩業で最も影響の大きいものは気候、取り分け温度で、それには夏期と冬期に大差があり、冬期には夏期と同じ労力を費やしても製塩量は約半分、そして費やす石炭の量は約倍、そうなると九月から翌年二月までの気候寒冷の時期は生産費を増加させることとなる。すなわち夏期と冬期で製塩上の損益に大差がある。以上の説明から三月から八月に至る六か月営業(三八法)が適当で、生産費を減らし塩業者に有益であることは間違いない。

第二項の説明

生産高減少のために、たとえ社会の消費額に不足しなくても価格に影響することはないことはない。このことは社会も注目し論議している。しかしながら営業制限により高騰した価格及び減少した生産費並びに休養した地場の利益この三つを社会一般の消費者に分配される原理は存在し、事実この利益は消費者に分配されていた。社会の公益となっていたのである。

以上の説明により六か月営業は価格を騰貴させるものではない。従って消費者に害がないだけでなく社会の公益となり経済の原理に適合する。

第三項の説明

六か月営業の衰頽に伴う塩業の衰頽により生産費を償うことができなくなり、明治五・六年（一八七二・一八七三）のころは大変な困難に陥っていた。そこで諸州各浜に有志が奮起して三八法再興の必要を説き備後尾道に会した。明治七年（一八七四）のことである。再興以来始終紛議、混雑は免れなかったが塩業はしだいに回復の兆しを見せ、年々進歩しながら明治十八年（一八八五）八月農商務省ロ水甲第二四号特達の保護により著しく進歩し、地場は進歩の目的を達成し原則の利益の区域に進入している。

この約束を解放すると十州中の塩業者は終年業を採用して生産額を増加することのみに集中してくる。そうなると各自競争濫売して塩価を下落させ、生産費が償えなくなってくる。生産費が償えなくなった塩業者は製塩地場の一部を廃棄せざるを得なくなる。そうなると塩価は徐々に回復し終年業の平均生産費に社会普通の利益を附加させたものをもって市場の常価とするようになる。そうしてはじめて製塩者は無事となるのである。

第四項の説明

三八法の起源及び歴史についてはしばしば述べてきたが、明治七年（一八七四）再興以来不可を唱える者はほとんど居ない。しかしながら実施されようとすると延業日数を争う。十州の紛議はこの争いの外には出てこない。

明治十三年（一八八〇）九月丸亀会の議決により委員を定めて内務省勧農局に保護を請願した。内務省では書記官を派遣したり、芸備防長の塩田実地を巡見したりして製塩業上の事実及び三八法の利害実歴を調査、同年六月には地質局の御雇人コルセルド氏に十州塩浜を調査させられるなど度々の調査を経て、農商務省は十州各浜の塩民惣代五十余名を兵庫県神戸区に集めて意見を述べさせ、三八法の利害得失を尋ねた。一名を除いて他は三八法実行は必要であるが、完全実施が難しいのを心配すると答えたという。

このような経緯を経て、政府は十州当業者の保護の請願に基づき、明治十三年（一八八〇）以来しばしば実地巡視し十分調査の末、明治十八年（一八八五）八月ロ水甲第二四号が十州六県に特達された。

第二項の「製塩ノ事業ハ一ケ年間六ケ月ヲ限リ猥リニ其制ヲ超ル事ヲ得ス」をもって、政府が政権により制限したものと言う者も多い。それは由来と現今の実況を知らない者で、政府が制限したものではない。十州塩業者が哀訴歎願したことに起因し、数年間しばしば数名の吏員を派遣しての細密な調査により、三八法すなわち六か月営業は生産費を減少させる良法であり、当業者当然の目的であること、又経済の原則に背かず有害の事実がないだけでなく、結局は社会の公益となっている。そしてこの約束を解放する時はたちまち当業者は困難に陥り、結局社会の公益を失う。

百四十余年間十州に行われた慣習法が廃滅することを惜しみ保護せられたに過ぎない。

第五項の説明

十州の紛議はすべて三八法に起因しているが、十州塩業者でこの法の不可を唱える者は居なかった。最近東讃支部の井上甚太郎独りが廃棄説を主張しているが、彼も元はこの法の主張論者で、明治十一年（一八七八）三月備後尾道会で組合保護の請願委員に選ばれ、内務省に請願した人である。この時の内務省吏員の話が十州会の三八法すなわち六か月営業廃棄説の発端となっている。

井上は明治十二年（一八七九）九月八日をもって十州塩業者惣代人に宛て一編の文書をもって、三八法を廃棄し改良進歩を促した。しかしながら三八法は製塩費を減じ土地を休養させる二つの大きな益があり惣代人、各浜の実業者から顧みられなかった。又明治十九年（一八八六）八月の山口会における、少数孤立及び事情ある浜所に附与すべき延業日数の議事も紛議の一因となっている。

自分は第二回通常会（神戸会）終了後本部事務を委嘱された。自分には十州塩田所有者の代表人が決議した規約を円滑に施行する責任があり、後日自分の考えと井上の考えとを比較研究し三八法が不可ということになるならば井上の意見を十州当業者に諭し、議会に忠告し政府へ図っていきたい。自分はこの際穏やかに治めたい思いである。平和の手段の良い方法はないものであろうか。

そして二二項において、自分は十州組合に今日はじめてかかわった。期するところは仲裁を主として平和を謀り、十州塩業者の福利を増進できたなら自分の目的のために一日も早くこの任を降りたい。

東讃塩民は井上甚太郎を支部長とし、松本貫四郎、山下有隣の三名を組合議員に推挙し第二回通常会（神戸会）へ臨ませたが、井上の三八法廃棄案は認められず井上等は議場を脱した。そこで自分は讃州高松に赴いて井上に面会し、平和の手段を協議した。井上は組合が無用と言っているのではなくて組合規約にある制限法（六か月営業）が有害無益であると主張していると言う。

次に高松での対話の概要を示す。

（生本）自分はこの度十州組合本部の事務を委嘱された。ついては東讃支部に不穏の噂がある。貴兄は異論者の一人と聞くが果たしてそうか。

（井上）いかにもそうである。自分はいかにも不可論者である。

（生本）それならば、十州組合は無益にして有害という主義か。

（井上）自分は十州組合を不可とするのではない。組合はいかにも必要である。組合規約の制限法を有害無益と言っているにすぎない。

（生本）それならば、組合規約中の六か月営業は賛成できないが、十州組合は必要不可欠と言う意味か。

（井上）そのとおりである。君は本部長の意見でかの制限を解かないか。そうなればきっと東讃の地で英断の名誉を得る。

（生本）六か月営業の利害は一朝の談話では言い尽くせないし、組合会議で決めることで本部長権限ではどうすることもできない。自分は十州塩田所有者の代表が決議した規約を円滑に施行する責任があり、他に権力はない。後日君の意見と自分の考えを研究し三八法は適切でないということになったら君の説をもって十州塩業者に諭し、議会に忠告し、又政府へ申し上げないこともない。又君が私の意見を可とすれば私の考えに賛成したものとする。自分はひとえに平和を希望する。平和手段の良法を考えてほしい。

（井上）十州中東讃は苦情の中心で難しい。輿論も六か月法には疑問も多いし、中心的な人もこの法を不可とする風潮もあるので、自分は輿論に訴えて十州組合を破壊するのは実に容易である。

（生本）君が六か月制限に反対なことはよく分かった。しかしながら主義を異にする理由は塩業者を愛するが故ではなくて、十州組合を破壊する目的から出たものか。

（井上）いや、自分は十州塩業者を愛する心から出て、誤った考えを正し改良を進めようとする考えである。

（生本）現在東讃潟本浜の外は苦情のある所はほとんどない。十州六県人情風俗も異なるのにこのような組合を作り上げた尽力者の苦心も思いやるべきである。今この組合を破壊したらこの連合は収拾がつかなくなる。君は組合は必要と言い、又十州の塩業者を愛すると言う。その心が輿論に訴えて十州組合を破壊すると言うに至っては了解できない。

（井上）自分は利益得失を当業者に悟らせようとしばしば意見を述べてきたが悟ってくれる者が居ない。只潟本浜の塩民・製塩家（塩民とは塩田の役夫）及び坂出古浜の者は自分の考えを信じており、彼等と共に主義を貫くため輿論に訴えたい。

（生本）自分は君の主義を止めようとするのではない。まずは平穏を謀りその後だれの主義であれ真正なものを選んで決めようと言っているにすぎない。自分の権限内で平和の手続きを君に考えてほしいと希望している。

（井上）延業日数の附与が可能かどうか。可能ならば考えないことはない。

（生本）平和な処置のためには延業日数の附与の外にはない。しかしながらこれは自分の権限の及ばないところで、議会の決議を経なければならない。努力することを決意し、会議を開いて議決を求める決心である。

（井上）会議で決議ということになるときっと日数を費やす。そうなると今年は営業して規約を破ることになる。従って延業日数を与えざるを得ない。

（生本）本年引き続き営業できないのは是非ないこと、決議まで不都合のないよう尽力してほしい。規約を破って営業する時はこれを止める手段をし、なお及ばなければ法廷の保護を仰がざるを得ない。

（井上）会議の決議を待って延業日数を与えるとなると冬期となり、延業の効果がなくなり当業者が満足しない。

（生本）もし冬期に及ぶ時は来年の営業前後に分けて与え、明年に限り二か年分の延業日数を与えるとしよう。

（井上）このことについて重い関係は松本貫四郎・山下有隣・自分の三人で、山下は自分とは少々主義を異にする。従って松本と共に熟考することにしよう。

（生本）熟考を望む。君は元来殖産熱心家と聞いている。十州組合を破壊して何の効果があるか。十州塩業者を愛し、十州組合は必要不可欠ということを知り、只六か月営業だけを不可としてこれを削除しようとする。君に改良の良法があるなら懇切に説けば営業者に理解してもらえる。

自分は今日初めて十州組合に関係する。これは両方熱心家の衝突である。自分はこの役を受ける時、自分には不可欠の目的があることを吐露し固辞したが受けざるを得なくなり受けた。

期すところは中裁を主とし、十州の平和を謀り、協力して十州塩業者の福利の増進ができたら、自分は一日も早くこの任務を辞したい。私は偏に平和を祈るだけである。

ここで二人の対話は終わっている。

この日の談話は深更に及んでいたので翌日を期して別れた。

翌朝丸亀の人中村某が面会を求めてやって来、東讃支部の紛議に対処する生本の意見を尋ねた。生本は前夜の後仕末及び平和を熱望する気持ちを答えた。

(中村) 平和のためならば出きる限り力を尽くそう。だが前言どおり他意はないか。

(生本) 自分は組合規約を損わない限りはひとえに平和を祈るだけである。組合の調和を謀る職務であることを分かってもらえれば満足である。

中村は生本と井上の間を数度往復示談した後

(中村) 延業日数はおよそ幾日を附与することができるか。

(生本) 延業日数については自分が今確言することはできないが、これを定めなければ平和の道はない。自分が努力できるのは現在附与の分を合わせて一か月以上二か月以内とし、二か月を超えることなく又一か月を下ることのない区域としよう。

（中村）今予約しても延業日数予奪の権限は会議にあり、否決されたらこの予約は食言となる。井上もそのことを大変危ぶんでいる。

（生本）万一議会が否決する時は自分には再議に付す権限がある。なお否決されれば、決議の不当を審議して農商務大臣へ具申し、あくまでも努力してその目的を達し、食言とならないことを誓う。

中村は井上の所へ度々往復し、又井上と共に松本の所へも度々往復し、明日和談する約束をして帰っていった。

翌日午後六時生本が約束の場に行くと井上及び松本と仲裁人の中村が列席していた。自分はまず松本へ前日来の事実と紛議調和を感謝した。松本も自分に対し調和主義で尽力したことに対する感謝の辞を述べた。

（松本）君にも調和主義をもっての尽力を感謝する。自分も年をとり井上に托している。井上と協議されることを希望すると。

ふり返ると神戸会の時藤尾愛媛県書記官から調和の諭示もあったが謝絶して帰国した。平和な結果となるのであったら挨拶の仕方もあったであろうと恥じている。

（生本）神戸会の時どのような答えがあったにせよ、この平和結果を聞いたら愛媛県令や書記官はもとより農商務省、十州塩業者もきっと満足であろう。

（松本）十州の規約を破っても不可で今が調和する良い時機である。

（生本）たゞ掛念するのは潟本浜塩民が濫業することはないか、議会の賛成を得るかどうかは自分の責務であるが、潟本浜の塩民のことは松本氏と井上氏の尽力に頼らざるを得ない。

（松本）平和を誓った以上は無論のこと、井上も自分も尽力する。

（生本）ひとえに願うところなり、尽力する人を頼むのが便利か。

（中村）自分も奔走し必要な人があれば自分がその手続きをする。

以上で談話が終わりお互い別れを告げた。


井上は翌日愛媛県に行き藤尾書記官に事情を具申することとし、生本は丸亀に赴くこととして一同退散した。

生本は丸亀にあること一週間、この間しばしば東讃に人を立てて松本・井上の動静を尋ねさせたが懸念するようなこともなく、自らの必要から岡山に滞在していた。その時東讃に騒動が起こったが、松本、井上の態度は前日と変わっていなかった。塩民を鎮めることができなかったという。その間石崎保一郎の来岡があった。

潟本浜の濫業は広く各支部に知れわたり、書状、電信、人等でもってその処置を迫ってきた。生本は石崎と協議して一週間待ったが、潟本浜塩民は止める様子もなく西讃支部へまでも波及しようとした。

以上が『塩業利害説明並東讃紛議実歴前篇』の概要である。

『塩業利害説明並東讃紛議実歴』から窺える生本の人物の一端を見てみる。

はじめに「塩業利害説明」については

一　塩業の利害得失について深い学識を備えており、文章も論理的で分かり易い。

二　一四〇余年にわたって続けられた三八法を、自分の代でこわしたくないという強い思い、それを貫こうとする使命感・責任感・行動力が感じられる。

後半の「東讃紛議実歴」では

一　目的達成（平和的解決）へ向けて努力を惜しまず、常に冷静で平和を望む穏健さ・誠実さを備えている。

二　十州九支部の平和を維持し、東讃塩業者の福利を保護しようとする公平な考え、強い責任感が感じられる。

三　極限まで反対者の弁論を妨げない度量の大きさを備えている。

四　東讃支部反対者に対して、論理的で分かり易く説く説諭性を備えている。

五　「自カラ期スル処ハ中裁ヲ主トシ、十州ノ平和ヲ謀リ、諸君ガ協力シテ以テ十州塩業者ノ福利ヲ増進スルニ至ラバ、予ハ予カ目的ノ為メニ一日モ速カニ此任ヲ辞スルヲ急クモノナリ」の「予カ目的」が何を指しているのか詳らかでないが、それを後にしてでも現在の業務を平和裏にまとめようとする強い使命感、責任感が感じられる。

六　生本の言には虚偽がなく、松本・井上に対しても最後まで誠意を尽くしている。相手の立場や人格を尊重する心を備えている。

本著と『生本部長演舌筆記』が刊本として残っていることは、東讃の紛議だけでなく、生本の人物を知る上でも貴重な史料と言える。

塩業利害説明並東讃紛議実歴（明治二十年十二月）

十州塩田組合本部長　生本伝九郎誌

十州塩田組合塩業ノ利害得失及東讃支部ノ紛議ハ社会ノ一問題トハナレリ、而シテ其利害得失ト紛議ノ事実ニ至テハ皆反対者即チ東讃支部内二三者ノ手ニ出テ組合本部ハ未タ一編ノ説明弁駁ヲモ為サヾリシナリ而シテ其今日迄之レガ説明弁駁為サヾリシ所以ハ反対者ノ説ハ牽強附会事実ニ齟齬スルノミナラス自家撞着ノ説ナレバ之ヲ以テ社会ノ輿論ヲ動スヘカラズ、仮令一時喋々スルニ至ルモ終ニ識者ノ看破スル所トナリ却テ本組合ノ目的ハ当業者当然ノ目的ニシテ又経済ノ原則ニ背馳セザル事ヲ社会ニ発見セラル、ノ機会ナルベシト信ス、且我政府ハ当初即チ明治十三年以来数年間充分ノ調査ヲ遂ケ本組合ノ起因ヨリ百余年来ノ経歴ニ徴シ細密ニ事実ヲ探究シ如何ニモ組合ノ必要ヲ認定セラレタル上明治十八年八月ロ水甲第二四号ヲ以テ六県十州ニ対シ特ニ三項ノ令達ヲ発シ殖産保護ノ政略上当然ノ政務ヲ尽サレタルモノナレバ事実ニ齟齬スル反対論ノ為メニ変動セラルベキニアラズ、況ヤ予ハ組合本部ニ在任シ十州九支部ノ平和ヲ維持シ東讃塩業者ノ福利モ均シク保護スベキ職務ニシテ目下訟庭ニ争フモ十州ノ平和ヲ維持スヘキ将来ノ目的ニ対シ止ヲ得サルニ出デタルナリ、且今日マテ事情切迫セザル限リハ反対者ノ弁論ヲ妨ケス却テ輿論ヲシテ彼カ非理ト誤謬ヲ判断スルノ時機ヲ俟チ居タルカ故ナリ、然ルニ論者ハ往々反対者ノ説ヲ採用シ本組合目的ノ一ナル三八法則チ六ケ月営業ヲ以テ当業者ニ不利ト認メ且経済的ノ道理ニ背クモノトシ甚シキハ生産高ヲ減シ価格ヲ騰貴スルノ手段ナリトシ又十八年八月農商務省ロ水甲第二四号ノ特達ヲ以テ政府ガ為スヘカラザルノ制限ナリト判断スルニ至レリ、之レ素ヨリ塩業ニ関係ナク既往ノ経歴及現今営業上ノ実地ヲ知ラザル人ニシテ反対者ノ説ノミヲ聞知シタルニ由来シ又誠ニ無理ナラヌ事ナリ、予ハ爰ニ至テ此目的ノ性質及利害並ニ東讃支部紛議ノ事実ヲ説明シ以テ識者ノ判断ヲ請フノ必要ニ迫レリ、而シテ之レヲ説明スルニ於テハ予ガ本意ナラサルニモ拘ラス東讃支部反対者ノ非理ト誤謬ヲ排撃スルノ止ヲ得サルニ至リタリ、而シテ予ハ此説明ヲ為スニ先チ此問題ニ重要ナル五項目ヲ掲ケ此項目ノ理由ヲ説明シ然ル後又漸次項目ヲ掲ケ塩業上細大トナク悉ク弁明セント欲ス、識者願ハ予カ文ノ拙劣ヲ捨テス其意義ヲ洞察シ説明ニシテ過誤アラバ請フ質問ヲ寛仮スルナキコトヲ、予ハ答弁ノ労ヲ厭ハサルベシ

項目

第一項

十州塩田組合規約目的中ノ第七条六ケ月営業ハ全ク生産費ヲ減スル良法ニシテ塩業者当然ノ目的ナル事

第二項

右第一項ノ六ケ月営業ハ価格ヲ騰貴セシムルモノニアラズ故ニ消費者ニ対シ害ナキノミナラス結局社会ノ公益トナリ経済ノ原理ニ適合スル事

第三項

現今六ケ月営業ヲ解放スル時ハ忽チ営業者ニ困難ヲ来シ結局社会一般ノ消費者モ亦其弊ヲ免レサル事

第四項

農商務省明治十八年八月ロ水甲第二四号特達ハ全ク十州中ニ百余年間行ハレタル慣習法ヲ保護セシニ止リ更ニ政府ガ制限ヲ設ケタルニアラス、故ニ殖産上保護政略ヲ採用セラル丶間ハ当然ノ政務ナル事

第五項

東讃支部紛議ノ実況

第一項十州塩田組合規約目的中ノ第七条六ケ月営業ハ全ク生産費ヲ減スル良法ニシテ塩業者当然ノ目的ナル事ヲ説明ス

一 製塩業ノ三八法則六ケ月営業ノ利害ヲ確定スルニハ先食塩ノ結晶ハ何ノ作用ニ依ル歟ヲ講究セザルヘカラス、而製塩ハ海水中ニ含有スル塩分ヲ結晶セシムル業ナレバ海水ニシテ水分ヲ蒸散セシムレバ自カラ塩分ヲ残留スルモノトス、故ニ海外熱帯地方ニ於テハ

全ク天然ノ蒸散ニ依テ結晶セシムルナリ、然ハ則製塩業上ニ最モ必要トスルハ第一ニ気候ナリ、気候温熱ナレハ既ニ海水ノ濃厚ナルノミナラズ製塩地場ニ注入スルノ間及注入シテ鹹水ト為スノ間常ニ水分蒸発シテ塩分最モ多量トナリ気候寒冷ナレハ悉ク之ニ反ス、則チ夏期ト冬期ニ大差アルヲ知ルベシ、現ニ讃州地方古来製塩上ノ通語ニ七七ト云フ事アリ、夏三ケ月ト冬三ケ月間ノ比例語ニシテ夏期ニハ一日ニ鹹水三石ヲ得ルモノ冬季ニハ其七分則弐石壱斗ヲ得、而シテ此鹹水ヲ焚キ製塩ヲ得ル事夏期ノ鹹水壱石ニ付通常製塩五斗ヲ得ルモ冬季ニハ又其七分トナリ鹹水一石ニ付三斗五升ヲ得ルノ謂ニシテ則チ一日ノ製塩高ヲ比スレバ夏期ニハ壱石五斗ヲ製シ冬期ニハ七斗三升五合ヲ得ルノ比例ナリ、則チ均シク労力ヲ費シテ得ル処半トス、且石炭ニ至テハ夏期五斗ノ塩ヲ製スルヨリ冬期三斗五升ヲ製スルニ多量ヲ費サヽルヲ得ス、如何トナレバ夏季ノ五斗ヲ製スルニハ壱石ノ鹹水ニテ水分五斗ヲ蒸発セシムレバ足リ、冬期ニハ壱石ノ鹹水中三斗五升ノ塩ヲ得ルニ六斗五升ノ水ヲ分離蒸発セシムルモノニシテ其割合ヲ以テ石炭ヲ消費セザルヲ得サレバナリ、則チ労力同フシテ得ル処概ネ半トス、而シテ石炭ノ消費ハ之レニ反シ殆ト一倍ヲ費ス、気候ノ関係夫レ如此著シ、況ヤ十州中ハ皆盛夏ノ極九十四五度ヨリ厳冬三十五六度ニ上下シ三度ト差違アル処ハ殆ント稀ナリ、則チ気候温熱ニシテ製塩ニ適スル三月ヨリ八月迄六ケ月間営業ノ生産費ヲ減スルノ理由ト九月ヨリ翌年二月迄気候寒冷ニシテ生産費ヲ増加スル事了然タルベシ、現ニ北国地方ニテハ製塩ノ業ヲ営ムモ決シテ生産費ヲ償フ能ハサルベシ、之レニ反シテ近時田中鶴吉ナルモノハ南島小笠原島ニテ盛夏天然ノ気候ニ依リ食塩ヲ結晶セシムルヲ得タリ、夫レ如此ハ全ク気候ノ差違ニ依ル事誰カ之レヲ疑フモノアランヤ、然ハ則チ夏期ト冬期ニ依リ製塩業上ノ損益ニ大差アル事寒暖計ノ昇降ト比例ヲ同フスルコトヲ知ルベシ、以上ノ説明ヲ以テ春三月ヨリ八月ニ至ル六ケ月営業即チ三八法ノ適当ニシテ生産費ヲ減シ塩業者ニ有益ナル事ヲ確定スルニ足レリ、又春三月ヨリ八月迄六ケ月間営業シ而シテ九月ヨリ翌年二月迄六ケ月間休業スルハ寧ロ休業ニアラズシテ其実地場休養タリ、此六ケ月間営業ヲ休止スルガ為メ土地ノ休養セラル、事実ニ驚クベキ効験アリト云、実際経験上ノ示ス処ニ拠レハ壱町五反歩ノ塩田壱戸前ニ付終年営業シテ通常生産高凡千四百石ヲ得ルモノトシ、而シテ夏期ニ属スル六ケ月ハ冬季ニ属スル六ケ月ニ倍スルカ故ニ之ヲ区分スレバ冬期ノ六ケ月ノ生産高ハ三分ノ一則チ四百六拾六石六斗六升六合六勺余夏期ハ之ニ倍シ九百三拾三石三斗三升三合三勺強トナルヘキニ尚増加シテ一千二百石余ヲ製出セリ、則其差違二百六拾六石六斗六升六合六勺強ハ是全ク冬期六ケ月間土地休養ノ結果ナリ、而シテ土地休養ノ効験ハ独リ実業者カ能ク確信スル処ナルニモ拘ハラス現業ニ経験ナキ人ニハ疑ヒナキヲ保セズ、予モ亦塩業実地ニ経験ナキカ故ニ当初ハ聊カ掛念ナキ能ハザリシナリ、而シテ予カ之ヲ信認セシハ左ノ事実ニ証明セラレタルモノトス、即チ十州中ニ永ク行レタル三八法ニ依テ発明セル隔日持三日持ノ営業法アリ、此隔日持トハ壱町五反歩ノ塩田ニ在テハ之ヲ二分シテ一日ニ七反五畝歩ノ地場ニ就キ営業シ残ル七反五畝歩ハ休養シ翌日之ヲ使用スルノ謂ヒナリ、三日持トハ之ヲ三分シ一日ニ五反歩宛ヲ使用シテ二日ツヽ休養スルノ謂ナリ、而シテ此隔日持三日持ノ法ハ別ニ約束ノ存スルナク終年業ト六ケ月業トヲ問ハス現今十州中多ク実際ニ採用セラルヽニ至レリ、則一ケ年間六ケ月営業ノ塩田ニシテ隔日持ヲ採用スル時ハ其塩田全部ニ対シテハ全ク三ケ月営業トナリ三日持ニ依ル時ハ一ケ年間全ク二ケ月営業トナルノ割合ナリ、而シテ組合規約六ケ月営業ノ実際ニ行ハルヽニ従ヒ却テ延業日数ヲ欲望スル当業者ニシテ如斯現場使用日数ヲ自カラ減縮スルニモ拘ラス此法ヲ採用セルハ全ク土地休養ノ効験アル事ヲ自得セシ外アルベカラズ、之則チ前年九月ヨリ翌年二月迄採塩不適ノ期節六ケ月間地場休養ノ効験アルヤ疑ナカルヘシ

又三八法則チ六ケ月営業ヲ採用シ十州中ノ製塩消費ハ幾許ヲ減シ得ル事ヲ説明セン、爰ニ十州中ノ塩田ヲ三千八百町歩ト基本ヲ定メ悉ク終歳業ヲ採用スル者トシ其生産額ハ五

百三拾弐万石トス、此生産費ハ二百四拾六万〇五百円ニシテ製塩壱石ニ付四拾六銭弐厘五毛トス、又悉ク六ケ月業ヲ採用スレバ其生産額ハ四百五拾六万石ニシテ此生産費ハ百八十四万六千八百円ニシテ製塩壱石ニ付四拾銭五厘トナル、則チ生産費ヲ減スル壱石ニ付五銭七厘五毛之レヲ六ケ月ノ産額ニ乗スレバ二拾六万二千二百円終歳額ニ乗スレバ三拾万五千九百円ヲ減スヘシ、則チ終歳営業ニヨリ年々無益ニ消滅スヘキモノヲ三八法ノ為メニ永ク減少シ得ラルヽモノナリ、而シテ将来ノ需用ハ如何ナル点ニ進ムモ塩業ハ気候温熱ナル三月ヨリ九月迄六ケ月間ト定メ供給増加ニ応スルニハ地場ヲ増進スルヲ以テ此経済ノ真理ナル事ヲ了解スレバ総テ疑念ヲ脱スル事ヲ得ベシ

以上ノ説明ニ依リ第一項十州塩田組合規約目的中ノ第七条六ケ月営業ハ全ク生産費ヲ減スル良法ニシテ塩業者当然ノ目的ナル事ヲ了解スルニ足ルベシ

第二項右第一項ノ六ケ月営業ハ価格ヲ騰貴セシムルモノニアラス故ニ消費者ニ対シ害ナキノミナラス結局社会ノ公益トナリ経済ノ原理ニ適合スル事ヲ説明ス

一　三八法則チ六ケ月営業ハ全ク生産費ヲ減スルノ法ニシテ決シテ価格ヲ昂騰ナラシムル手段ニアラス、而シテ前第一項ノ説明ニヨリ生産費ヲ減スルノ理由ハ読者モ了解セラレ

タルベシ、然レトモ十州中ノ塩田ヲ三千八百町歩トシ此計算ノ示ス処ニ依レハ終年業ノ産額ハ五百三十二万石トナリ六ケ月業ノ産額ハ四百五拾二万石トナリテ百分ノ十四強則チ七拾六万石ノ生産高ヲ減少スル割合ナリ、此減少ノ為メニ仮令社会ノ消費額ニ不足ヲ告ケサルモ自然価格ニ勢力ヲ生スル理ナキ能ハス、之レ最モ社会ノ注目論議スル処ニシテ如何ニモ此理由ナキニアラズ、然トモ之レガ為メ勢力ヲ生シタル価格及減シタル生産費並ニ休養シタル地場ノ利益此三ツヲ併セテ漸次社会一般ノ消費者ニ分配セラル丶ノ原理正シク存在シ又実際ニ於テモ既ニ此利益ハ消費者ニ分配セラレタリキ、今爰ニ其原理ト実際ノ有様トヲ説明スベシ、蓋シ経済ノ原則ハ常ニ社会ノ利益ヲ平准ナラシムルモノニシテ苟モ平准以上ノ利益アル時ハ必ス他ニ同物ヲ増加シ以テ其利益ヲ減殺スルハ已ニ通理ニシテ動カスヘカラズ、故ニ十州塩業者カ六ケ月営業ヲ採用シ製造原価ニ対シ過剰ノ利益アルトキハ経済上ノ原則ハ弥急劇ニ運動シ十州及十州外ニ迄塩田地場ヲ進歩セシメ忽チ産額ヲ増加シテ以テ価格ヲ低減ナラシムヘキナリ、去《〔ママ〕》レバ終年営業ヨリ六ケ月営業ヲ採用シ其得タル所ノ三個ノ利益ヲ一般消費者ニ分配セバ全ク社会ノ公益ト一変スルハ疑ヒナカルベシ、且六ケ月営業ヲ採用スルモ地場カ増進シテ其利益ヲ減殺スルノ道理ハ反対者ノ一人ナル井上甚太郎氏モ知ル処ニシテ同氏ハ此原理ノ存在セルガ故ニ六ケ月営業ハ無益ナリト確信シ終歳業ヲ主張スル原因ニシテ同氏カ堅城鉄壁トスル所ナリ（同氏ノ意見書日本塩業改良始末二十二葉ヨリ二十七葉迄ヲ参観スベシ）惜ムラクハ同氏ハ三八法ヲ以テ単ニ生産額ヲ制限スル者ト確信シ生産費ヲ減シ地場休養ノ良法タル事ヲ知ラザルノ誤也、而シテ予ガ此方法目的ヲ賛成スル所以ハ全ク此原理カ存在シ仮令塩業者ハ価格ヲ騰貴セシムルノ目的ヲ含有スルニモセヨ経済原則ノ作用ハ決シテ許サス、故ニ消費者ニ損害ヲ被ラシムル事ナク第一労力ヲ省キ第二生産費ヲ減シ第三地場ヲ休養スルノ法ヲ可トスル所以也

以上説明ニ依リ第二項六ケ月営業ハ価格ヲ騰貴セシムルモノニアラス、故ニ消費者ニ対シ害ナキノミナラス結局社会ノ公益トナリ経済ノ原理ニ適合スル事ヲ了解スルニ足ルベシ

第三項現今六ケ月営業ヲ解放スル時ハ忽チ当業者ニ困難ヲ来シ結局社会一般ノ消費者モ亦其弊ヲ免レサル事ヲ説明ス

此説明ヲ為スニ先チ三八法則チ六ケ月営業ノ約束ハ経済上ノ関係ニヨリ如何ナル経歴ヲ為スベキモノ歟又十州塩業者カ此法ヲ採用シタル百余年ノ当初ヨリ如何ナル場合ヲ経歴シテ現今ハ如何ナル場合ニ在ル歟ヲ定メサルヘカラス、而シテ予ハ此経歴スベキ場合ト位置ヲ

大略分テ第五期トス

第一期

約束（十州塩業者六ケ月営業ヲ採用スル約束ヲ云以下倣之）ノ弛張ニヨリ幾分歟塩価ニ勢力ヲ生スルト否ラサルトノ間ニ運動スル場合トス

第二期

約束ノ行ハル丶事漸ク全カラントシテ六ケ月営業ノ為メ生産額百分ノ十四ヲ減シ其比例ニ対シ価格ニ勢力ヲ得ル場合トス

第三期

第二期ニ於テ勢力ヲ有シタル価格ヲ製塩地場ガ進歩シテ回復セシムル場合トス

第四期

六ケ月営業ニ依リ生産費ヲ減シタル利益ヲ製塩地場ガ進歩シテ消費者ニ分配セラル丶場合トス

第五期

第一期ヨリ悉ク経過シテ全ク地場ガ進歩ノ目的ヲ達シ及其度ヲ超越シテ勢ヒ原則ノ利益ノ区域ニ進入シ損害セシムル場合トス

三八法則チ六ケ月営業ノ経歴スヘキ階梯ハ前記第五期トス而シテ当初ヨリ如何ナル場合ヲ経歴シ現今ハ如何ナル位置ニ運動セル歟ヲ探究スルニ維新前ハ二十余藩ニ跨リ各藩ノ保護甲乙区々ニシテ斉シカラズ又各州ノ熱心家モ屢々交迭スルガ故約束甚不完全ニシテ確乎タル盟主モナケレバ断然トシテ裁制《（ママ）》スル者モナク両三年行ハルレバ又一両年ハ不完全ノ姿ニテ弛張常ナキニ似タリ、経済ノ原則カ塩業上ノ利害ヲ支配スルハ其申合セ弛張ノ間ニ運動シ則チ第二期乃至第三期ノ中途ニ迄進退シテ無数ノ盛衰ヲ経歴シツヽ慶応明治ニ達シタルモノヽ如シ、而シテ慶応明治ニ至リ戦乱ノ為メ季節ノ適否消費ノ多寡ニ拘ラス俄然生産高ヲ増加スルノ急要ニ際会シ続テ一般旧慣ヲ廃棄スルノ風潮ト共ニ一時此良法モ放棄セラレタリ、則チ明治以前ハ第二期第三期ノ間ニ運動セシモノトス、而シテ此法ノ放棄セラル、ヤ年一年ヨリ塩業ニ衰頽ヲ来シ漸次生産費ヲ償フ能ハス明治五六年ノ頃ハ非常ノ困難ニ陥レリト云フ、此ニ於テ諸州各浜ニ有志者奮起シテ三八法再興ノ必要ヲ説キ備後尾ノ道ニ会ス実ニ明治七年ナリト云フ、而シテ再興已来始終紛議混雑ハ免レサルモ塩業ハ漸次回復ノ緒ニ着キ年々幾分ヲ進歩シツヽ明治十八年ニ至リ同年八月農商務省ロ水甲第二四号特達ノ保護ニ依リ爾来著シク進歩シ既ニ第三期ヲ超越シ現今ハ第四期乃至第五期ノ間ニ運動セリト信シテ誤リナカルベシ（即チ明治初年ヨリ廿年迄二十ケ年間塩田興廃ノ統計ヲ調査シ後篇ニ掲ケ現今ノ位置ヲ確言スベシ）如此六ケ月営業カ採用セラレタル当初則チ百余年前第一期ノ場合ニ於テハ一時或ハ価格ヲ騰貴セシメタリト仮定スルモ既ニ減シタル生産費及休養セル地場ノ利益モ併セテ経済ノ原則カ支配シ漸次製塩地場ノ進歩ニヨリ殆ント消費者ニ分配セラル、場合ト知ルベシ

前条ノ説明ニ依リ此目的カ経歴スヘキ順序ト現今ノ位置ハ了解セラレタレバ予ハ之ヨリ此約束ヲ解放シテ現ハル、状況ヲ説明スベシ、凡同一ノ営業者アリテ其間ニ規律モナク約束モナキ時ハ甲乙丙丁相抗撃シ各々自己ノ利益ヲ失フニモ拘ラス競争スルハ実際上ニ於テ免ルヘカラズ、況ンヤ今十州塩業者ヲ区別スルニ六ケ月営業ノ真理ト経済ノ関係ヲ知ルモノハ十分ノ二ニ過キス、其六分ハ此法ニ依リ生産費ヲ減シ地場ヲ休養スルノ外尚別ニ価格ヲ高点ニ維持シ得ラル、モノト過信シ之レカ為メニ約束ヲ信用スルモノ、如シ、而シテ他ノ弐分ハ此法ノ実利ヲ問ハス些少利益アル日数ヲシテ目前ニ遺スルヲ惜ミ己レノミハ此約束ヲ守ルコトヲ好マサルモノトス、故ニ今ニシテ之ヲ解放スルヤ此二分ノ者ヨリ破レテ六分ノ者ニ波及シ一場ノ修羅場ヲ呈シ左ノ如キ惨状ヲ現出スヘキナリ

第一段

此約束ヲ解放スルト同時ニ十州中ノ塩業者ハ期節ノ適否ヲ問ハズ生産費ノ多寡ヲモ顧

ミス強者ハ弱ヲ斃サント欲シ弱者ハ強ヲ凌カント欲スル競争ヨリ一時悉ク終年業ヲ採用シ生産額ヲ増加スルノ一点ニ進行スベシ

第二段

生産額ヲ増加スルニ従ヒ各自競争濫売シ以テ塩価ヲ下落セシメ終ニ生産費ヲ償ハサルニ至ラシムベシ

第三段

塩価下落ニ従ヒ忽チ塩業者ニ困難ヲ来シ其極生産費ヲ償ハサルニ陥リテ製塩地場ノ何部分ヲ廃棄セラルベシ

第四段

製塩地場ガ廃棄セラルヽニ従ヒ漸次塩価ヲ回復シ終歳業ノ平均生産費ニ社会普通ノ利益ヲ附加セシモノヲ以テ市場ノ常価トスルニ至ルベシ

夫約束ヲ放棄シ各終歳業ヲ採用スル時ハ右ノ如キ惨状ヲ経過セザルヲ得ス、而シテ第四段ノ場合ニ至テ製塩者カ受ル変動ハ漸ク無事ニ帰スベキモノヽ如シ、然レトモ其塩価ハ終歳業ノ原価ニ社会普通ノ利益ヲ附加セシモノヲ以テ基本トス、故ニ彼ノ六ケ月営業カ行ハレテ生産費ノ減少ト土地休養ノ利益トヲ含有スル価格ニ比スレバ全ク壱割以上ノ高価ニ在ルハ理ニ於テ争フヘカラズ、此ニ於テ社会一般ノ消費者亦其弊ヲ免レサル事ヲ知ルベシ、然レトモ如此ハ畢竟十州塩業者カ敢テ頑固ニ終歳業ヲ採用スルノ結果ニシテ実際ニ於テハ又如此頑固ナルヘカラス、第一段ヨリ第二段ノ場合ニ陥ル時ハ忽チ諸州各浜ニ有志者奮起シ以テ六ケ月営業ヲ回復スベシ、而シテ之ヲ採用スル事二三年ニシテ漸ク実効ヲ奏セントスルヤ又必ス二三ノ異論者輩出シテ破壊ヲ試ムヘシ、始終此中途ニ錯雑艱難セルハ既往百四十余年間ノ実歴ニ照シ疑ヒアルヘカラズ、未開ノ古代ニ在リテハ兎モ角文明次第ニ進ミ殖産興業ヲ急要トスル今日ニシテ如此利害判然タルニモ拘ラス彼レカ如ク艱難ノ間ニ迷惑セシメ以テ傍観放任スベキ歟否ヤ予ハ其欠典ヲ嘆スルニ忍ビザルモノナリ、此点ニ至テハ敢テ殖産家ノ説ヲ聞カント欲ス、請フ江湖識者一編ノ教示ヲ吝ム勿ラン事ヲ

以上ノ説明ヲ以テ六ケ月営業ヲ解放シ終歳業ヲ採用スル時ハ忽チ当業者ニ困難ヲ来シ結局社会一般ノ消費者モ亦其弊ヲ免レスト断言シタル意義ヲ了解セラルベシ

因ニ曰、十州当業者ハ現今ニ至テ弥以テ六ケ月営業ヲ維持セザルヘカラザルノ地位ニ進ミタリ、如何トナレバ此目的ハ第一期ヨリ百余年間ノ経歴ト且明治十八年農商務省特達ノ保護ニ依リ一層進歩シテ現今ハ第四期乃至第五期ノ点ニ地位ヲ占メタレバ、一朝之ヲ放棄スル時ハ忽チ第一期ノ前ニ退歩スルモノニシテ当業者カ受ル損害ノ変動ハ実ニ甚シ

ケレバナリ

第四項明治十八年八月農務省ロ水甲第二四号特達ハ全ク十州中ニ百余年間実際ニ行ハレタル慣習法ヲ保護シタルモノニシテ決シテ政府ガ制限シタルニアラス、殖産保護政略ヲ採用セラル、間ハ当然ノ政務ナル事ヲ説明ス

一 三八法ノ起原及既往ノ経歴ハ前項ニ於テ屢々記述シタレバ今爰ニ贅セス、明治七年再興已来モ此法ノ不可ヲ唱フルモノハ甚タ稀ナリシト、然レトモ実際将ニ行ハレントスルヤ忽チ又延業日数ヲ争ヒ夫レカ為メ甲乙丙丁互ニ背馳シテ議協ハス、則チ十州会ノ紛議ノ由来ハ古今此争ノ外ニ出テス、然ルニ事故ヲ地方庁ニ告ケ以テ保護ヲ乞ハント欲スル乎地区十州ニ渉リ管轄庁六県ニ跨リ其主管トスル処ナシ、無止明治十三年九月丸亀会ノ議決ニヨリ委員ヲ定メ内務省勧農局ニ書ヲ呈シ以テ保護ヲ請願ス（明治十一年井上氏ヲ総代トシ内務省ヘ請願セシヲ始メ之レヲ第二回トス）此ニ於テ同年十二月橋本内務書記官芸州尾ノ道会ニ臨席シ組合ノ来歴及目的性質等ヲ調査セラレタリ、而シテ十四年三月丸亀開会中ニ対シ塩業試験費保助ノ内命アリ、又十五年五月和田地質局長並ニ町田属官ト共ニ芸備防長ノ塩田実地ヲ巡見シ製塩業上ノ事実及三八法ノ実歴利害ヲ調査セラル、続テ同年六月地質局御雇独逸人コルセルド氏ヲシテ十州塩浜ヲ調査セシメラル、同年十

月下旬丸亀開会中ヘ和田書記官ノ臨席アリ、十六年三月会議中ヘ和田書記官並ニ愛媛県官モ出張セラレ塩業上ノ実況細大トナク調査セラル、又同年八月関沢書記官町田水野両属ヲ従ヘ十州各浜ヲ巡廻セラル、明治十七年二月農商務省ハ十州各浜ノ塩民惣代五拾余名（東讃モ三名ノ代表者ヲ出セリ）ヲ兵庫県神戸区ニ徴集シ塩業上ノ細大及各代表人ヲシテ意見ヲ細密ニ演ヘシメ以テ三八法ノ利害得失ヲ下問セラル、此時ニ当テ代表人五拾余名ノ内壱人ヲ除クノ外（此一人ハ予州ノ代表者ナリシト）皆三八法実行ノ必用ナルモ常ニ甲乙丙丁私論ヲ以テ背馳シ約束ノ完全セザルヲ憂慮スル旨答申セリト云フ、又政府ハ十州当業者ガ保護ノ請願ニ基キ明治十三年以来屢々実地ヲ巡視セシメ充分調査ノ末明治十八年八月十九日ヲ以テ左ノ三項目ヲ掲ケ以テ十州六県ニ特達セラレタリ

三項目

一　十州ノ間ニ於テ塩田ヲ所有スルモノハ総テ十州塩田組合ニ加入シ其規約ニ従フベシ
一　製塩ノ事業ハ一ケ年間六ケ月ヲ限リ猥リニ其制ヲ越ユル事ヲ得ス
一　製塩取締ノ為メ十州ノ間ニ一ノ本部ヲ置キ各地適応ノ場所ニ支部ヲ配置スベシ

右三項ノ特達中第二項ヲ以テ政府カ政権ニヨリ制限セシモノトシ喋々論議スルモノ多シ、之レ其既往ノ由来ト現今ノ実況ヲ知ラザルモノニシテ決シテ政府カ制限セシニアラス、予ハ

左ニ其事実ヲ説明スベシ、夫政府ハ前ニ述タル如ク十州塩業者ガ哀訴歎願スルニ起因シ数年間屡々数名ノ吏員ヲ派遣シ細密ナル調査ニ依リ予ガ第一項ニ於テ説明セシ如ク三八法即チ六ケ月営業ハ全ク生産費ヲ減少セル良法ニシテ当業者当然ノ目的ナル事ト第二項ニ説明シタル如ク全ク経済ノ原則ニ背馳セスシテ害他ノ事実ヲ含有セサルノミナラス結局社会ノ公益タル事、又第三項ニ説明シタル約束ヲ放棄スル時ハ忽チ当業者ハ困難ノ地ニ陥リ結局社会ノ公益ヲ耗殄スル事ヲ発見シ又十州ノ当業者ニシテ此利ヲ知ラサルナキモ実施施行ニ際スルヤ忽チ偏見私論ヲ主張シ其間僅々一己ノ利ヲ貪リ為メニ甲乙丙互ニ相背馳シテ常ニ其目的ヲ全フスル能ハス、始終約束弛張ノ間ニ迷惑スルヲ憐ミ且百四十余年ノ古ヨリ十州ニ行ハレタル慣習法ノ廃滅セン事ヲ惜ミ保護セラレシニ過キザルナリ、予ガ爰ニ第二項ノ精神ヲ注解スレバ左ノ如シ

一　製塩事業ノ六ケ月営業ハ百余年前ニ起因シ実験上ニ於テ信用アル良法ナレバ此旧慣ヲ猥リニ越ルコト勿レト云旨趣ニ過キズ、則チ猥ニ越ユルヲ得サル迄ニテ実際事故アルモノハ組合会議ノ公決ニ委セラレタリ

右ノ如ク解釈スル時ハ政府ガ政権ヲ以テ更ニ制限セシニアラズ全ク旧慣ヲ保護セシ精神ナル事明カナリ、然レトモ単ニ第二項ノ文章上ニ依ル時ハ制限ナリト云ハン乎如何ニモ

其嫌ヒナキ能ハス、乍去現今実際施行上ニ於テ然ラサルヲ知ルヘシ、十州中ノ塩田ニハ組合会議ノ決スル処ヲ以テ現ニ延業日数十五日以上五ケ月迄ヲ附シ則チ五ケ月ノ延業ヲ附与セシ地場ニテハ一ケ年中十一月間営業シ彼ノ苦情アル東讃支部ノ塩田ニハ悉ク延業日業ヲ与ヘ六ケ月営業期ハ壱戸モアラザルナリ、且予ハ尚爰ニ政府ハ旧慣ヲ保護シタルノ明証ヲ挙ンニ我国ニハ九州東海関東ノ地方ニモ製塩地場ハ数多アルニモ拘ラズ旧慣ナキ十州外ニハ毫モ此達シヲ及ホセシ事ナキニ非ズヤ、以テ旧慣ヲ保護スルノ精神ニ出テ実際モ亦之レニ符合スルヲ知ルベシ

以上ノ説明ヲ以テ政府ガ制限法ヲ施シタル実ナク全ク旧慣ヲ保護セラレタル意義ヲ了解セラルベシ

予ハ尚爰ニ前第四項ノ要点ヲ挙ケテ以テ以上説明ノ局ヲ結ハント欲ス

前第一項説明ノ如ク塩業上当然ノ目的ニシテ第二項説明ノ如ク経済ノ原則ニ背馳セス生産者消費者共ニ利スベキ旧慣法ヲシテ猥リニ敗棄セサラシムルノ保護ハ日本政府ガ殖産上ニ対シ保護政略ヲ採用セラル、間ハ当然ノ政務ナルベシ、且塩田組合ノ地区ハ広ク十州ニ渉ルモノナレバ東讃支部内ノ一小部分ノ苦情ニ依テ動カスヘキニアラス、茶業准則ニアレ蚕糸業取締ニアレ同業准則ニ依リ起リタル各種ノ同業規約モ皆其組合内ニ多少苦情ナキハ有

ズ、然ルヲ況ヤ十州塩業者ハ此特達ヲ遵守シテ夫レガ為メ既ニ改良進歩ノ気勢ヲ養成セシニ於テヲヤ

第五項東讃支部紛議ノ由来及其実歴ヲ説明ス

一　十州会ノ紛議ハ総テ三八法ニ起因ス、否三八法ニアラスシテ此法カ実際ニ行ハル、ニ至リ別ニ小数孤立（塩戸僅少隣地ナキ浜所ヲ云フ）情事（種々ノ事故アル浜所ヲ云フ）ヲ量酌シテ附与スベキ六ケ月以上ノ延業日数ヲ争フノ外ニ出ルモノナシ、如何トナレバ大体此法カ十州中ニ行ハル、ノ可否ヲ問ヘバ十州塩業者ニシテ不可ヲ云フモノ絶テアラサレバナリ、近来東讃支部ノ井上甚太郎氏ハ独リ廃棄説ヲ主張スルモノナリ、然レトモ同氏モ元来最モ此法主張論者ニシテ明治十一年三月備後尾ノ道会ニ於テ此組合保護ノ請願委員ニ推撰セラレ東上シテ以テ内務省ニ請願セシ人ナリ、然ルニ同氏ハ全ク当業者営利上ノ精神ヨリ出テ大体此法ハ如何ナル作用ヲ含蓄シ如何ナル結果ヲ生スル歟ヲ詳カニセス、単ニ塩業ヲ検束シ生産額ヲ減シ塩価ヲ昂貴セシメ以テ当業者ヲ利シ得ラル、法ナリト迷信シ公利公益ニ照シテハ穏当ナラザルモ眼前当業者カ迫レル窮状救護ニ尽力セシモノト推測セラル、ナリ（当時ニ在テ以上ノ状態ハ独リ井上氏ニ止マラス其総代及十州

塩業者中ニモ斯ク迷信シタルモノ多カルベシ）而シテ同氏カ東上ノ時内務省吏員某氏ノ説ヲ聞キ塩田地場ノ進歩ヨリ到底検束シテ塩価ヲ昂貴ナラシムル事能ハサル原理ヲ悟リ豁然トシテ此法ヲ無益ナリト断念シタルモノノ如シ（同氏ノ塩業改良ノ始末二十六葉ヨリ二十七葉迄ヲ参観スベシ）之レヲ同氏ガ十州会ノ三八法則チ六ケ月営業廃棄説ヲ主張シテ組合ニ背馳スル起因トス、扨同氏ハ明治十二年九月八日ヲ以テ十州塩業者総代人ニ宛テ一編ノ文章ヲ送リ三八法ヲ廃棄シ単ニ改良進歩ノ急進ヲ促セリ、然レトモ同氏ガ改良ノ法タル要スルニ各種ノ研究試験ヲ遂ケ以テ利アルヲ求メ不利ナルモノヲ捨テヨト云フニ過キズ、「鹹水ノ多量ヲ得ルノ方法ト云ヒ」「煮釜ヲ改良スル事ト云ヒ」「食料肥料ヲ区別スルト云ヒ」「俵ヲ改良スルト云ヒ」「海外輸出ヲ計ルト云フ」モ如何ナル方法如何ナル手段ニ依リ目的ヲ達シ得ル歟其方案ニ至テハ一点ノ発明ナク只タ山海ニ就キ広ク探レバ必ス賓玉アルヘシ諸君之レヲ求メヨト教ユルニ似テ素ヨリ有益ノ見込アル改良ハ常ニ各自カ注意スル処ニシテ同氏ノ教ヲ俟テ知ルニアラス、況ヤ同氏ガ廃業セント主張セル三八法ハ製産費ヲ減シ土地ヲ休養スルニ大益アルモノナレバ各州ノ惣代人ハ勿論各浜ノ実業者モ一笑ニ附シ同意ヲ表スルモノナカリシト、爾来同氏ハ毎会其主義ヲ主張シ屢々敗ヲ取リ終ニ明治十五年ヲ以テ断然十州会惣代ヲ辞シタリト云フ、之ヲ今般紛議ノ一因ナリトス、又一因ハ明治十九年八月山口会ニ於テ小数孤立及事情アル浜所ニ附与スヘキ延業日数ノ議事トス、該会ニ於テ潟本〔元カ以下同ジ〕浜延業日数僅カ三十日間ノ争ヒヨリ東讃議員（七条伊六井上三蔵）議権ヲ放棄シテ議場ヲ脱シタリ、之ヲ東讃支部苦情ノ原因トス、之ヨリ先キ井上甚太郎ハ讃州坂出浜ニ於テ三八法廃棄ノ演説ヲナシ而シテ其筆記及其他自己ノ意見ヲ記シタル書類ヲ編製配賦シタルヲ以テ明治十八年愛媛県甲第百十三号布達愛媛県令ノ職務上ニ対シ公然侮辱ヲ為シタルモノト認定セラレ松山始審裁判所ノ宣告ヲ受ケ同氏ハ不服ヲ以テ大阪控訴院ニ控訴シ遂ニ無罪ノ宣告ヲ得タルモ元来自己ガ抱ケル塩業上ノ主義ヲ達スル能ハス、而シテ尚如此災厄アルノ場合適マ東讃塩民ハ山口会ノ決議ヲ不満トシ人心不穏ノ場合ニ際会シ同氏ヲ以テ支部長ト定メ且同氏及松本貫四郎氏山下有隣氏ノ三名ヲ組合議員ニ撰挙シ本年八月神戸会ニ出頭セシメタリ、而シテ甚太郎氏ハ又前主義ヲ主張シ三八法廃棄按ヲ以テ議会ニ呈出ス、之レ素ヨリ各州議員ノ許ス処ニアラサレバ該案ヲ第一次会ニ於テ廃棄セラレタリ、爰ニ於テ又同氏及二氏共ニ其敗ヲ怒リ議場ヲ脱ス、此時愛媛県藤尾書記官及農商務省出張官或ハ各州議員モ交々同氏ノ宿所ニ臨ミ中裁説ヲ試ムルモ敗《ママ》テ顧ミス終ニ帰国シタリト云、而シテ予ハ此会議ノ閉会以後組合本部ノ事務ヲ依嘱サレタルモノナレハ井上氏ニ於テモ予ニ故意ハアルヘカラズ、且同氏ハ兼テ殖産家ヲ以テ聞ヘ一二面識モアル人ナレバ偏ニ雙方ヲシテ協合円滑ナラシメン事ヲ祈リ本部ノ赴任ニ先立チ讃州高松ニ趣キ同氏ニ面会シ平和ノ手段ヲ協議セリ、即チ其談話ノ要点ヲ左ニ記ス

第一　予曰、予ハ此度十州組合本部ノ事務ヲ依嘱サレタリ、就テハ東讃支部ハ山口会以来不穏ノ聞ヘアリ、而シテ貴兄ハ其異論者ノ壱人ト聞ク果シテ然ルヤ

第二　井上氏曰ク、如何ニモ然リ予ハ如何ニモ不可論者ナリ

第三　予曰、然ハ十州組合ハ無益ニシテ有害ナリト云ノ主義歟

第四　井上氏曰、否決シテ十州組合ヲ不可トスルニアラス、組合ハ如何ニモ必用ナリ、然レトモ予ハ組合規約ノ制限法ヲ以テ有害無益ナリト云ニ過ギス

第五　予曰、然ハ組合規約中ノ六ケ月営業ハ不可ナルモ十州連合ノ組合ハ必要欠クヘカラズト云フノ意歟

第六　井上氏曰、果シテ然リ、扨君ハ本部長ノ意見ヲ以テ今度彼ノ制限ヲ解放セズヤ、然ル時ハ当地ニ於テ実ニ英断ノ名誉ヲ得ベシ

第七　予曰、予ハ塩業ニ実験モナク又本組合ノ事ハ先ニ兵庫県奉職中多少耳ニスル事ナキニアラサルモ素ヨリ実際ノ事ハ知ルニ由ナシ、然レトモ六ケ月営業ノ利害ニ就テハ聊カ

心得ナキニアラス、然ルニ此利害ハ一朝ノ談話ヲ以テ互ニ尽スヘキニアラズ、仮令君カ説ノ如ク有害無益トスルモ這ハ組合会議ノ左右スル処ニシテ予ガ職権ヲ以テ如何トモスル能ハス、異日細密ニ君ガ説明ヲ開キタル上ハ兎モ角予ハ目今ニ於テハ未タ不可ヲ知ラザレバ此際ニ於テハ予ハ六ケ月法ヲ解放スルヤ否ノ明答ヲ為サズ、予ハ十州塩田所有者ノ代表人ガ決議シタル規約ヲシテ円滑ニ施行スル責任ニアリテ他ニ権力ナシ、後日君ノ意見ト予ガ見ル処ヲ合セテ以テ研究シ道理ニ照シ果シテ三八法ヲ不可トスルニ至ラバ予ハ断然君ノ説ヲ以テ十州当業者ニ諭シ議会ニ忠告シ又事実ヲ政府ヘ開申スル事ナシトモセズ、又君ニシテ予カ意見ヲ可トスレバ予ガ説ヲ賛成スルモノトセン、予ハ此際ハ偏ニ平和ヲ希望スルモノナリ、平和手段ノ良法ナキヤ考按ヲ煩シタシ

第八　井上氏曰、十州中ニ於テ東讃ハ苦情ノ局所ニシテ容易ナラス、且社会ノ与論モ六ケ月法ニハ疑ヒ多ク或局部ノ人モ此法ヲ是トセザル風潮モアレバ予ハ是ヨリ与論ニ訴ヘ十州組合ヲ破ルハ実ニ易々タルノミ

第九　予曰、君ガ六ケ月制限ニ主義ヲ異ニスルハ既ニ之ヲ了セリ、然レトモ元来其主義ヲ異ニスル所以ハ塩業者ヲ愛スルノ情ヨリ発シタルモノニアラスシテ十州組合ヲ破壊スルノ目的ニ出テタルモノ歟

第十　井上氏曰、否予ハ十州塩業者ヲ愛スル精神ニ出テ彼等ガ迷夢ヲ破リ改良ニ進歩セシメント熱心スルノ主義ナリ

第十一　予曰、現今ハ独リ東讃潟本浜ノ外ハ各州各浜ニ苦情アル処稀ナリ、十州六県ニ渉リ人情風俗モ異ナル斯ノ如キ組合ヲシテ爰ニ至ラシムル尽力者ノ苦心思ヒヤルベシ、今之ヲ破ラハ此連合ハ忽チ散乱シテ又再ヒ収拾スベキニアラス、君ハ前ニ十州組合ハ必要ナリト云ヒ又十州ノ当業者ヲ愛スル熱心ナリト云、其精神ニシテ而シテ世ノ風潮ニ依リ輿論ニ訴テ以テ十州組合ヲ破ルト云ニ至テハ予ハ其意ノアル処ニ惑ハサルヲ得ス、君ニシテ果シテ当業者ニ利益アル方案アラハ十州塩業者ニ説キ塩業者ノ輿論ヲシテ君ノ説ニ服セシムルノ手続キヲ為サヾルヤ、塩業者其者ノ利害ヲ説クニ其正ニ利害ニ関係シ利益ニ熱心ナル当業者ヲ措テ社会ノ輿論ニ判断セシメントスルハ予ガ了解シ得サル処ナリ

第十二　井上氏曰、予ハ其利害得失ヲシテ十州当業者ニ悟ラシメソト欲シ議会ニ於テ屢々意見ヲ述ヘ又意見書ヲ認メ発スル事数度ニ及フ、然レトモ十州当業者ハ頑固ニシテ一人モ悟ルモノナシ、只潟本浜ノ塩民並製塩家（塩民トハ塩田ノ役夫ナリ）及坂出古浜ノ者ハ予ガ説ヲ信スルモノヽ如シ、故ニ彼等ト共ニ主義ヲ貫カンガ為メ輿論ニ訴エント欲スルナリ

第十三　予曰、予ハ君カ貫カント欲スル主義ヲ今止メント欲スルニ非ス、先十州ノ平穏ヲ謀リ而シテ后チ君ノ主義ニアレ予カ主義ニアレ何人ノ主義ニアレ其真正ナルモノヲ撰ンデ以テ共ニ確定セント云フニ過キス、故ニ目下ハ予ガ為シ得ラル、権内ニ於テ平和ノ手続キヲ為サント欲シ其考案ヲ君ニ煩ハサン事ヲ希望スルニアリ

第十四　井上氏曰、目下延業日数ヲ附与スル事ヲ得ルヤ否ヤ果シテ附与スルコトヲ得ルナレバ考案ナキニモアラス

第十五　予曰、此平和ノ処置ヲ為スニハ延業日数ノ外アルヘカラズ、然レトモ前ニモ述ヘタル如ク目下ト云フニ至テハ予ガ処置ノ及ハサル処ナリ、如何トナレバ此事ハ議会ノ決議ヲ経サレバ其効アラサレバナリ、乍去其事ハ飽迄勤ムル事ニ決心シ予ト君ト予約シ而シテ急ニ会議ヲ開キ議決ヲ求ムルノ決心ナリ

第十六　井上氏曰、会議ニ依リ決議セシムルモノトセバ余程日数ヲ費スベシ、潟本浜ハ不日閉業期日ニ迫ル期限外ニ渉ルトモ今年ハ営業シテ以テ規約ヲ破ルニ至ラン、故ニ目下延業日数ヲ与ヘサルヲ得ス

第十七　予曰、延業日数ノ事ハ到底会議ノ公決ヲ経サルヲ得ザルモノナレハ本年引続キ営業スル事能ハサルハ是非ナキ次第ナリ、当業者ヲシテ決議迄不都合ナキ様尽力セラレン

事ヲ望ムノ外ナシ、又期限外ニ渉リ規約ヲ破テ営業スルニ至テハ予ガ深ク驚歎スル処ナリ、如何トナレバ果シテ然ルトキハ飽迄モ之ヲ止ムルノ手段ヲ施シ尚ホ及バサレバ法庭ノ保護ヲ仰クノ止ムヲ得サルニ迫ルヘシ、予ハ組合ノ平和ヲ維持シ当業者ノ福利ヲ増進スルノ責ニ任シ今赴任スルヤ否却テ其当業者ヲ法庭ニ相手取ルノ悲ミニ忍ヒサルナリ、乍去組合規則ノ興廃ニ関係シ十州塩業者ガ切迫スルヲ如何セン、予ハ此苦痛ヲ免レンカ為メ未タ本部ニ赴カザルニモ拘ラス此地ニ来テ君ニ考案ヲ煩ス所以ナリ、君之ヲ諒セヨ

第十八　井上氏曰、会議ノ決議ヲ俟テ後延業日数ヲ与ユルトセバ気候必ス冬期ニ至リ延業ノ効ナキガ如シ、必ス当業者ガ満足セサルベシ

第十九　予曰、若果シテ冬期ニモ及フ時ハ明年ノ営業前后ニ割テ与ヘ則チ明年ニ限リ二ケ年分ノ延業日数ヲ与ユルトセン

第二十　井上氏曰、此事ニ付重ナル関係ハ松本貫四郎氏・山下有隣氏・予ト三人ナリ、而シテ山下ハ予ト聊カ主義ヲ異ニス、松本氏ト共ニ熟考スル事トセン

第二十一　予曰、如何ニモ熟考ヲ希望ス、君ハ元来殖産熱心家ヲ以テ聞ク、十州組合ヲ破リテ以テ何ノ効カアル、凡破壊主義ハ殖産家ノ本意ニアラサルベシ、況ヤ十州塩業者ヲ愛スル熱心ヲ有シ且十州組合ハ必要欠クヘカラサルヲ知リ只其内ニ含有スル一ノ六ケ月

営業ノミヲ不可トシ之レヲ刪除セント云ニ過キス、営業者ハ多ク十州中ノ財産家ニシテ我国普通ノ人民ニ比スレハ多少学識ナキモノハアラスト云フモ不可ナシ、果シテ君ニ改良ノ良法アラバ懇切ニ説クニ於テ悟ラザルノ愚ハナカルヘシ、仮ニ君カ主義ノ如ク六ケ月営業ヲ不良ナルモノトスルモ之ヲ除カンカ為メニ組合全体ヲ破ラントスルハ宛モ人ノ腹中ノ一疾ヲ医スルガ為メ其本体ヲ失ハシムルガ如シ、殖産家ノ面目ト云フヘカラス、彼是熟考アラン事ヲ望ム

第二十二　予又曰、予ハ十州組合ニ関係スルハ今日ヲ始メトス、然レトモ多少耳ニスル処アリテ而シテ自ラ思フ、是レ雙方熱心家衝突也ト、又予ニ組合ヲ依嘱サル丶ノ際他ニ欠クヘカラサルノ目的ヲ有スル事ヲ吐露シ固ク辞シタレトモ遂ニ事情ニ迫リ暫時之ヲ受ケタルモ自カラ期スル処ハ中裁ヲ主トシ十州ノ平和ヲ謀リ諸君ガ協合シテ以テ十州塩業者ノ福利ヲ増進スルニ至ラバ予ハ予カ目的ノ為メニ一日モ速カニ此任ヲ辞スルヲ急クモノナリ、故ニ是ニ偏セス彼ニ凝ル処モナシ、予ハ偏ニ平穏ヲ祈ルノ他意ナキヲ諒セラレヨ

此夜既ニ深更翌日ヲ期シ以テ別ヲ告ケタリ

第二十三　翌朝丸亀ノ人中村某予ニ面会ヲ求ムルアリ、相会セシニ東讃支部ノ紛議ヲ処スル予ノ意見ヲ問ハル、予ハ前夜ノ始末及偏ニ平和ヲ熱望スル精神ヲ答ヘタリ

第二十四　中村氏曰、予ハ平和ノ為メナレバ及フ限リ力ヲ尽サン、果シテ前言ノ如ク平和ヲ切望スルノ外ナキ歟

第二十五　予曰、組合規約ヲ損セザル限リハ切ニ平和ヲ祈ル、予ハ組合ノ調和ヲ謀ルノ職務ナル事ヲ諒セラルレハ足ルヘシ

第二十六　従是中村氏ハ井上甚太郎氏及予ノ間ニ立チ数度往復示談ノ末中村氏曰ク、延業日数ハ凡幾日ヲ附与スヘキ歟

第二十七　予曰、延業日数ハ予ガ今マ確言スル能ハザレトモ予メ之レヲ定メサレバ平和ノ道ナシ、依テ予カ必ス勤メ得ヘシト決心シ予約スルニ現在附与ノ分ヲ併セテ一ケ月以上二ケ月以内トシ二ケ月ヲ越ユル事ナク又一ケ月ヲ下ル事ナキノ区域ヲ以テスベシ

第二十八　中村氏曰、今爰ニ予約スルト雖トモ延業日数与奪ノ権ハ会議ニアリ、若会議ニシテ否決スル時ハ此予約ハ水泡ニ属シ君ノ食言トナルヲ如何、是レ井上甚太郎氏モ甚タ危ム所ナリ

第二十九　予曰、如何ニモ其理アリ、然レトモ予ハ種々手続キヲ尽シテ此審案ヲ呈出スヘシ、而シテ万一議会ガ否決スル時ハ予ハ再議ニ附スルノ権アリ、猶否決スル歟予ハ其決議ノ不当ヲ審ニシ農商務大臣ヘ具申シ以テ飽迄モ勤メテ其目的ヲ達シ諸君ニ危疑モ掛ケ

サレバ予モ亦食言セサル事ヲ誓フベシ

第三十　中村氏ハ爰ニ於テ又井上氏ニ往復スル再三遂ニ又同氏ト共ニ松本氏へ往復再三ノ末漸ク両氏モ諾シタル旨ヲ以テ明日和談ノ結局ヲ為サンガ為メ会合ヲ約シテ去ル

第三十一　翌日午後六時約束ノ席ニ至レハ松本氏及井上氏仲裁人中村氏ト列席セリ、予ハ先ツ松本氏ニ対シ前日来ノ事実ト紛議調和ノ謝辞ヲ述ヘタリ

第三十二　松本氏曰、君ニモ調和主義ヲ以テ種々尽力ヲ謝ス所ナリ、予ハ既ニ老タレハ都テ井上ニ托シアリシカ今日ハ平和ノ局ナルヲ以テ出席セリ、元来此事ハ一種別ニ原因アリテ自分モ聊カ固着セシナリ、然ルニ其対手モ既ニ故人トナリ本部モ交迭シテ今般君カ責任セラレ最早別ニ凝ルニモ力ヌケタルガ如シ、追々事実モ承知セラルベシ、何分井上氏ト協議此上宜敷取計アランコトヲ望ム、回顧スレハ曾テ神戸会ノ事ナリ藤尾本県書記官ヨリ調和ノ諭示アリシニ強テ謝絶シテ帰国セリ、今日此平和ヲ結フノ心アラバ挨拶ノ仕方モアリシナラント心中竊ニ耻（恥の俗字）ツル処ナリ云々

第三十三　予曰、神戸会ニ於テ藤尾書記官ニ如何ナル答辞アリタルニモセヨ此事ノ平和ニ帰スルヲ聞カルレバ愛媛県令及書記官ハ素ヨリ農商務省ヲ初メ十州塩業者モ実ニ満足ナルヘシ、予ハ実ニ此紛議ニ付地方庁及農商務省ニ於テモ顧慮セラル、処アリ、又十州塩

民ハ日夜危疑スルノ状況アリ、殖産急務ノ今日ニシテ黙視スルニ忍ビザル処ナリ、予カ此任ヲ受ケタルモ願クハ上下及雙方共無事ニ帰スルヲ祈ルノ外ナシ
第三十四　松本氏曰、十州ノ事ヲ破リテモナラス実ニ今日カ調和ノ時機ナリ云々
第三十五　予曰、此上只掛念スルハ潟本浜塩民ガ濫業ヲ為事アラザルカ又予ガ議会ニ賛成ヲ得ルノ手続ナリ、而シテ議会ノ方ハ予カ責務ナレバ飽迄貫キ必ス目的ヲ達スヘシ、潟本ノ塩民ハ偏ニ老台及井上氏ノ尽力ニ依ラサルヘカラス、万一一日ニテモ濫業スル時ハ十州各浜ノ迫リヲ受ケ予ハ前日井上氏ニ嘶シタル苦痛ニ陥リ又塩民ハ法庭ニ泣クノ惨状ヲ来スニ至ル、呉々モ充分ナル配意ヲ切ニ冀望ス
第三十六　松本氏曰、爰ニ平和ヲ誓フタル以上ハ素ヨリ右等ヲ勤ムルハ無論ニシテ井上氏ヲ始メトシ予モ共ニ尽力スヘシ
第三十七　予曰、偏ニ願フ所ナリ、且何人歟別ニ尽力スル人ヲ頼ムニ便アリヤ、又吾々ガ奔走シテ差支ナキニ於テハ昼夜ヲ厭ハサルベシ
第三十八　中村氏曰、右ノ点ニ至テハ自分モ飽迄奔走シ別ニ人ヲ要スル事アレハ自分カ其手続キヲ為スベシ、苦心セラルヽ勿レト
右ニテ談話終リ各々別ヲ告ク、而シテ井上氏ハ翌日愛媛県ニ出頭シ藤尾書記官ニ事情ヲ具

中スルコトトシ予ハ丸亀本部ニ赴任スル事トシ各退散シタリ

右ノ如ク一時全ク平和ノ協議成リタレバ予ハ翌日丸亀本部ニ赴任シ本部事務ノ既往ヲ聞キ将来ヲ議シ同地ニアル事一周日、此間屢々東讃ニ人ヲ立テ松本井上両氏ニ依リ動静ヲ尋タルニ敢テ掛念スルニ及ハズトノ事ニ付予ハ予カ必用ニ依リ岡山県ニ趣キ同所ニ滞在ス、扨岡山滞在中ヘ本部ヨリ東讃潟本浜規約ヲ破リ濫業ヲ為スノ電報ニ接シ実ニ驚ケリ、然レトモ是畢竟松本井上両氏ノ計画カ破レタルモノニシテ尽力ノ足ラザルニハアラザルベシ、果シテ然ラハ平和ノ約束ヲ破リタルニ非ス只東讃支部内ニ別ニ一ノ濫業者現出セシモノト視做シ二途ニ処スルノ外ナシト考量セリ、翌日石崎保一郎来岡ス、依テ事実ヲ聞クニ果シテ予ガ想像ノ如ク松本井上両氏ハ前日ト異ナル処ナキモ遂ニ塩民ヲ鎮静スル能ハサリシナリト云、乍去既ニ潟本浜ノ濫業ハ広ク各支部ニ聞ヘ或ハ書状或ハ電信又ハ態々人ヲ以テ其処置ヲ迫ル、然レ共予ハ石崎氏ト協議一周日間ヲ猶予セシモ潟本浜塩民ハ止ルヘキ気色モナク倍々各浜ノ迫リハ強ク殆ント西讃支部内坂出古浜ノ如キヘモ波及セントス、彼是止ムヲ得ザルニ切迫シテ遂ニ井上松本両氏ニ告ケ以テ松山始審裁判所高松支庁ヘ濫業停止ノ訴訟ニ及ヒタリ、爾来訟庭ノ事ハ既ニ世ニ公ケニシテ皆人ノ知ル処ナレハ之レヲ贅セス

是ヨリ先キ東讃支部ノ処置則チ延業日数ノ事ト其他組合規約ノ修正等ヲ兼ネ丸亀ニ臨時会

ヲ開クノ必要アリ、十一月五日ヲ以テ開会ノ期ヲ報シタレバ会議ノ準備及ヒ東讃延業日数附与ニ就キ猶松本井上両氏等ト熟議ノ必要モアレバ同月一日丸亀ニ着直ニ松本氏ニ宛テ書状（且其文中ニ種々御尽力アリシモ遂ニ潟本浜ハ濫業ヲ為スニ至リ御互ニ遺憾云々蓋シ平和ノ御内約ト此濫業トハ素ヨリ区別アル事ナレバ目下臨時会ニ付彼ノ延業日数ノコトニ篤ト御協議致先平和ノ手続キヲ終結スレハ自カラ各州議員モ平穏トナレハ潟本浜濫業処分ノ事モ必ス円滑ニ終局スヘシ云々ヲモ記セリ）ヲ送ル、如此再三ニ至ルモ更ニ回答ヲ得ス、愛媛県庁ニテモ県下塩民ニ係ル延業日数ノ臨時会ナレハ繁劇ナル庁務ヲ繰合南勧業課長出張アリ、同官モ松本井上両氏ニ宛テ兎モ角丸亀宿所迄モ来臨アラン事ヲ促サレタリ、然ルニ両氏トモ更ニ来ラス、予ハ爰ニ至テ両氏ハ全ク平和ノ前約ヲ破ルモノト認定セザルヲ得ザルニ至リタリ

又此紛議ニ付松本氏ノ言語中ニアル別ニ原因云々ハ予カ推測ニ依レバ最モ此紛議ヲ養成シタルモノニシテ其原因ヲ記述セバ読者ガ此紛議ヲ推測スルノ便多カルベシ、然レトモ予ガ此推測ヲ記スルニ於テハ言辞或ハ故人ニ渉ル事ナキヲ保セス予ノ甚本意トセザル処ナリ、且前ニ記述セシ如ク井上松本両氏ニ対シ相互ニ懇到親密ヲ尽シ以テ熟議ノ平和ニシテ忽チ如斯破壊セシハ実ニ意想ノ外ト云ヘシ、此破壊ニハ必ス因縁ナカルヘカラス、而シテ此因縁

ハ予ニ於テ推測スル処ナキニアラス、然トモ之ヲ記述スルヲ欲セス読者請フ之ヲ諒セヨ
明治二十年十二月三十日擱筆
前編終

二　東讃塩業者を相手どった訴訟と「裁判言渡書」

生本伝九郎は東讃支部の処置（延業日数、組合規約の修正等）のため、丸亀において臨時会を開く必要があり十一月五日の開会として連絡、会議の準備、東讃塩業日数附与について松本・井上と熟議の必要もあり、同月一日丸亀に赴き松本宛に書状をしたためている。次にその一部を記す。

……種々御尽力アリシモ遂ニ潟本浜ハ濫業ヲ為スニ至リ御互ニ遺憾……蓋平和ノ御内約ト此濫業トハ素ヨリ区別アル事ナレバ目下臨時会ニ付彼ノ延業日数ノコトニ篤ト御協議致先平和ノ手続キヲ終結スレハ自カラ各州議員モ平穏トナレハ潟本浜濫業処分ノ事モ必ス円滑ニ終局スヘシ……

書面は再三に及んだが回答はなかった。愛媛県の南勧業課長もこの地に出張して松本・井上

宛丸亀宿所に来臨あるよう催促したが両名は来なかった。生本はここに至って両氏は平和の前約を破るものと認めざるを得なくなった。

そのため十州塩田組合本部副長石崎保一郎は、井上をはじめとする東讃塩業者四十一名を相手どり、採塩停止及びこれに付帯する違約金請求の訴訟を起こした。

裁判結果は明治二十一年（一八八八）二月四日、高松裁判所（松山始審裁判所高松支庁）で有罪と決定、判決を不服とした控訴も明治二十二年（一八八九）十月三十一日の判決で井上らの敗訴に終わった。詳細は『日本塩業大系　近代』に記されている。

明治二十一年（一八八八）二月の「裁判言渡書」（松山始審裁判所）には、「十州塩田組合本部長生本伝九郎代理愛媛県伊予国和気郡興居島村八百八拾五番地平民十州塩田組合本部副長石崎保一郎」の名が原告人として見える。

裁判言渡書（松山始審裁判所）（明治二十一年二月）

（朱書）「明治廿年第八十六号第九十号」

裁判言渡書

原告人兵庫県神戸区下山手通七町（丁か）目六百二拾一番地寄留平民十州塩田組

合本部長生本伝九郎代理愛媛県伊予国和気郡興居島村八百八拾五番地平民十州塩
田組合本部副長
石崎保一郎

三　農商務省、十州塩田組合本部長及び各支部長を兵庫県庁に召集し、諮問会を開催

東讃等との紛議の状況を憂慮した農商務省は、明治二十一年（一八八八）十月二十八・二十九日農商務大臣主催になる諮問会を兵庫県庁に召集した。この時の状況は『生本部長之演舌筆記』に詳しい。

この時三つの諮問事項があった。

一「塩業上我組合ノ目的ノ一ナル三八法即チ六ケ月営業ノ起因する所及ビ其利害得失ヨリ経済上ノ関係如何」

第二の諮問については会議場を神戸布引瀑に移し

二「大臣ノ諭示ニ基キ各々営業月数ノ差異ヲ相互ニ譲リ、以テ一致ノ答申ヲナシ、且組合カ政府ノ保護ヲ仰クノ要点」について

第三の諮問として農商務大臣が示したことは

三　「彼レヲ除キテ爾余ノ地区ヲ保護センニハ如何ナル方法ヲ適当トスル歟」ということであった。

これらに対して生本本部長は、組合というものは異議者も必要、それを守る政府の保護も必要である。東讃は組合を乱すものでこれを除却することを思わないことはない。除却したいがそれをすると十州地区の同盟に破壊の端緒を生じることとなる。元来組合というものは多少異議者があってその目的とする処に背反しない。この異議者があるが故に組合も必要であるし、政府の保護も必要となる。百人が百人同意して少しも異議がなくなれば、組合は無用な時機と言わざるを得ない。本組合の今日は東讃のように又その他一・二のように苦情あるが故に組合と保護とを必要とするのである。従って地区だけは確乎として保護されたいと述べている。

また自分は塩業者ではなくて、つまり塩業者の依托を受けて組合を保持する任にあるが故に在職中従来の形跡を残すようつとめたい、という思いには先人が歳月をかけて作り上げてきた、しかも法にも裏づけられた慣行を損なわないようにしようとする生本の強い思いが良く出ている。

その後採塩期限を一か年八か月間とすることを協議したが阿波・両備の同意が得られなかっ

た。この会の帰路生本は水産局長の宿所に至っている。自分は塩業者ではなく、つまり塩業者の依托を受けて組合そのものを保持する任にあるが故に、在職中従来の形跡を損なわないようにつとめたい。その場しのぎにも政府の保護をなるべく依然として残し後任に継続しようと思うが、このように頼りとならない政府の保護を頼りとさせて組合員に迷惑をかけるのは本意ではない。今日こそ政府の保護を脱し組合を自立させる時機であると考え局長の席を辞して帰宅している。

翌日神戸倶楽部に集会をもち決意の演舌をしている。「今日は諸君に向かって自分の決意を述べようと思う。諸君の同意を得るかどうか、自分はそれいかんによって委嘱されている任務の進退を決めようと思う。」と決意のほどを示している。

四 『生本部長之演舌筆記』の概要と原文

この度各支部塩田地主惣代各員に会合をうながしたのは、明治十八年農商務省ロ水第五七号特達の取り消しを請い、組合は組合において保守しようと思うからである。

それは本組合が平穏でないことに起因しており、兵庫県庁における農商務大臣の諭示会の状況を報告し、そして政府の保護を脱するかどうかを決めたい。

まず塩業上我が組合の目的の一つである三八法、すなわち六か月営業の起因するところ及び利害得失より経済上の関係如何まで求められ、全員がこれに答えた。産額の増加には塩田地場を増加し、営業は春夏秋の間適当な季節即ち一か年六か月の三八法を採用するに越したことはない。季節を考えずに営業するのは、社会に有用な石炭及び人夫の労力の無駄使いとなることも陳述した。大臣は組合を必要とし、採塩に季節を定めるのが有益と考えるようである。いずれの点までは組合でやり、いずれの点は政府の保護を乞うかをも協議して申し出よとのことであった。

その後東讃を除く八支部の出席員は神戸布引瀑に集まり営業日数の差違を相互に譲った。政府の保護についても話し合い、明治十八年特達の第二項と第三項とを廃止することに決まった。

二十九日一同兵庫県庁に出頭したが前夜の言と変わる支部も出て混乱した。自分は東讃を除却することを考えないことはないが、それをすると十州地区に破壊の端緒を生むこととなる。異議者があるが故に組合が必要であり、東讃のように苦情がある者がいてはじめて組合と保護が必要となる。だから地区のみは保護されるよう願うと述べた。

布引瀑での協議はほぼ同意を得たが、阿波・両備支部は八か月を主張して同意が得られなかった。

東讃除却、政府の保護についても異論者はあったが本部長一任ということに決まった。

自分は塩業者ではなく塩業者の依托を受けて組合そのものを保持する任にあるが故に、在職中従来の形跡をそこなわないことに努めたい。政府の保護もなるべく残し後任に伝えたいとの思いであった。だが頼りとならない政府の保護を頼りとして組合員に迷惑をかけるのは不本意で、今こそ組合自立の時であると思い局長の席を辞して帰宅した。

翌日の神戸倶楽部における集会において自分の決意を述べ会員の同意を求めた。以下はその時の演舌の概要である。

今日は諸君に向かって自分の決意を述べようと思う。自分の決意であって諸君の同意を得るかどうか、自分はその如何により委嘱の任の進退を決意したい。農商務大臣は我々を兵庫県庁に召集し塩業上の被害と組合の必要性を諮問し諭示された。その要旨は意見に差異あるところは相方互いに譲って一致団結して組合を守る協議をし、組合はいずれの点までを自守し、いずれの点に政府の保護を希望するか。政府としては可能な限り保護を与えると。自分は政府の保護を脱し、東讃支部を除却し、組合は自らで守るのが良策と考えるが、諸君はどう思うか。この意見に諸君の同意が得られなければ、自分はこの組合に見込みなしと考え、速やかに任を退こうと考えるだけである。諸君、この点を猛省し、覚悟の確答がほしい。

東讃支部は休浜の全体的廃止を求めるし、阿波支部や両備支部は年間七・八か月営業を主張する。政府の保護を仰がないことになれば、東讃は組合より除却、営業期日は各支部の決議に任せると述べた。

以上が兵庫県庁における状況の概要であるが、これは神戸への召集に応じた本支部長の意見であり、組合全体の意見ではない。そこで、今回臨時会を開き「組合ハ政府特別ノ保護ヲ辞シ組合ハ組合ニ於テ保守スルガ故ニ十八年農商務省特達ヲ廃棄セラレン事ヲ請フ」。これを議決の上は、組合全体の意見として農商務大臣に答申しようと思う。なお、政府の保護を有益必要とする意見があれば、意見と理由とを言って欲しい。自分は組合に有益の理由があればそれに従わないことはない。有益の理由がなければ、断然三項の特達は返還することに同意願いたい。確答を願いたい。

この結果、明治二十一年（一八八八）十二月の十州塩田組合臨時会では「将来政府特別ノ保護ヲ辞シ組合ハ組合ニ於テ保守」することとし、十八年八月の農商務省特達の取り消しを請うことを決議した。

以上が『生本部長之演舌筆記』の大意である。次に原文を掲げる。

この臨時会決議書（明治二十一年十二月）第一条に「当組合ハ将来政府特別ノ保護ヲ辞シ組合ハ組合ニ於テ保守シ、明治十八年八月農商務省特達ロ水第五七号ハ此際取消ヲ請フ事」と記されている。

生本部長之演舌筆記（明治二十一年十二月カ）

演舌筆記

今般組合ノ臨時惣会トシテ各支部塩田地主惣代各員ニ会合ヲ促シタル必要ハ明治十八年農商務省ロ水第五七号特達ノ取消ヲ請ヒ組合ハ組合ニ於テ保守セント欲スルニアリ、而シテ其方針ヲ爰ニ定メント決心シタルハ去ル十月中農商務省大臣ヨリ本部長並ニ各支部長ヲ兵庫県ニ召集セラレ同廿八日・廿九日ノ両日間組合ノ実況ヲ直ニ大臣ニ上陳シ又大臣ノ諭示セラレタル事ニ起因スルモノト了解セラレタシ、又大臣カ本支部長ヲ兵庫県庁ニ召集セラレタルハ我組合中ニ於テ東讃支部ノ如キ昨廿年ノ閉業期日後ニ於テ組合規約ニ違反シテ濫業ヲ為シ且ツ爾来本組合ヲ脱離セント企テ頻リニ謂レナキ苦情ヲ唱ヘ所轄官庁及ヒ本省ニ迄脱去ヲ請願シテ止マサルアリ、又阿波支部ノ如ク両備支部ノ如ク七八ケ月ノ営業ヲ主張スルカ為メ種々ノ苦情ヲ以テ組合会議ニ提出シ議事上穏カナラサル言語アリ、此ノ如ク本組合ガ常ニ平穏ナラサルニ起因セシモノト察セサル諸君又之ヲモ了知セラレヨ、依テ先ツ兵庫県庁ニ於テ農商務大臣ノ諭示会ノ実況ヲ報告シ、而シテ后政府ノ保護ヲ脱スルト否トノ答申ヲ求ムヘシ

抑農商務大臣ガ本支部長ヲ兵庫県庁ニ召集セラレ各其席ニ列スルヤ先ツ塩業上我組合ノ目的ノ一ナル三八法即チ六ケ月営業ノ起因スル所及其利害得失ヨリ経済上ノ関係如何ニ至ル迄各自ノ所見ヲ陳述セシメラレタリ、依テ出席員順次三八法ノ起因及ヒ其塩業上ニ有益欠クヘカラサル事ヨリ推シテ経済的ノ道理ニ照ラシテハ仮令将来我国ニ幾千万石食塩ノ需用ヲ増加スルモ其産額ヲ増加スルニハ塩田地場ヲ増加シ営業ハ春夏秋ノ間適当ノ季節即チ一ケ年六ケ月間ナル所謂三八法ヲ採用スルニ如カス、如何トナレバ均シク同一ノ産額ヲ得テ而モ其生産消費ヲ比スル時ハ則チ三八法ハ生産費ヲ減スル夥多ナレバナリ、故ニ産額ヲ増加スルハ塩田地場ヲ増加スルノ方法ニ依ルヘシ、若シ季節ノ適度ヲ撰マズ営業ヲ為スハ社会ノ有用物ナル石炭並ニ人夫ノ労力ヲ無益ニ冗費スルノ事実ニ至ル迄各自詳細ニ陳述シタリ、是ニ於テ大臣ハ一同ニ諭示セラレテ曰〔ク〕既ニ組合ヲ必要トシ採塩ニ期節ヲ定ムルヲ有益トスルハ十州当業者ノ輿論ナルカ如シ、果シテ然ラハ各支部ノ主義ニ於テ少差違ア

ルノミ、其少差違ハ双方相互ニ譲リテ以テ一致和合スル事ヲ協議スヘシ、政府ハ成シ得ヘキ丈ノ保護ハ与フヘシ、去リ乍ラ時勢既ニ何事モ自治躰ニ赴クノ今日ナレハ組合モ自ラ団結シテ成ルヘキ丈自ラ治ムルノ方法ヲ講シ、何レノ点迄ハ組合其者ガ自ラ組織シ何々ノ点ハ政府ノ保護ヲ乞フト其区別ヲモ協議シテ申出ツヘシト諭示セラレタリ

抑我組合ハ近来反対者ノ挙動ニ依リ世上ノ人多クハ政府ガ成スヘカラサル保護ナリ、或ハ三八法ハ営業上不道理ノ検束ニシテ経済上許スヘカラサルノ目的ナリト迄非難スルモノアルニ至リタリ、然ルニ大臣ノ明事実ト道理トヲ看破セラレ政府ガ保護スヘキ組合ナリ、三八法ハ組合ガ守ルヘキ至当ノ目的ニシテ又広ク経済的ニ対スルモ背反スル処ナシト認定シ如此愛顧ノ諭示アリタリ、我々一同感喜拝謝シ謹テ命ヲ奉シ名々相譲テ協議スヘキ事ヲ答申セリ、然ルニ東讃支部出席員ハ此レヨリ先キ塩業上ノ利害ヲ陳スル際ニ於テモ独リ三八法ニ反対ノ意見ヲ述ヘ又此大臣ノ諭示ニ基キ協議スヘキニ至リテモ大ニ感覚ヲ異ニシ絶テ協議セサル旨ヲ答申セリ、是レ其廿八日席上ノ概況ナリ

其后東讃ヲ除クノ外八支部ノ出席員ハ直ニ神戸布引瀑ニ集リ大臣ノ諭示ニ基キ各々営業月数ノ差違ヲ相互ニ譲リ以テ一致ノ答申ヲナシ且組合カ政府ノ保護ヲ仰クノ要点モ協議ヲナセリ、而シテ政府保護ハ明治十八年特達ノ第二項ト第三項トヲ廃止セラレ第一項ヲ以テ組

合地区ノ保護ヲ乞フニ止り爾余ハ悉ク組合規約ヲ以テ制裁スル事ニ決シタリ、又営業月数ハ喋々タル協議ニ時間ヲ費サンヨリ寧ロ各支部ニ於テ今日迄主張シ来リタル点ヨリ大臣ノ諭示ニ従ヒ譲テ何ケ月トスヘシト一支部限リ書面ヲ認メ本部長ノ手前迄封中ニテ提出セラレタシト協議シタルニ各同意ヲ得テ各支部ヨリノ意見左ノ如シ

上灘目支部ハ従来六ケ月主張ナル処ヲ七ケ月ヲ書出セリ
赤穂支部右同断
芸備支部右同断
防長支部右同断
伊予支部右同断
西讃支部ハ従来七ケ月主張ナリシカ六ケ月半ヲ書出セリ
両備支部ハ従来七ケ月主張ニシテ矢張七ケ月ヲ書出セリ
阿波支部ハ従来八ケ月ノ処ヲ七ケ月半ヲ書出セリ

右ノ如ク八支部中六ケ月主張者ハ七ケ月ト歩ヲ譲リ七ケ月主張者ハ六ケ月半或ハ依然七ケ月トアリ、八ケ月主張者ノ阿波ハ七ケ月半トアリ、要スルニ七ケ月営業トスレハ七支部ハ一致シ独リ阿波支部ノ冀望ノミ十五日ノ差違アルニ過ス、且阿波ニハ二派アリテ一派ハ六

ケ月主張ナレハ実地ニ至リ重立タル塩業者ニ協議スル時ハ僅々十五日ノ差ヲ以テ多衆ニ違議シ組合ヲ破壊スルカ如キ無謀者ハアルマジクト思惟セリ、而シテ此夜阿波ノ答書ヲ待ツニ既ニ午後十二時ニ至リタレハ一同散会シテ翌朝此実況ヲ具シ大臣ニ答申スル事ニ決セリ翌廿九日午前九時一同兵庫県庁ニ出頭シ各々大臣諭示ノ席ニ進ミ将ニ列席セントスルニ際シ阿波支部ハ突然前夜書出シタル七ケ月半ヲ取消シ矢張八ケ月ヲ主張スルトノ違変ヲ申出テタリ、此際既ニ大臣ハ出席セラルヲ以テ事情ヲ問フニモ暇マナシ、止ムナク直チニ大臣ニ対シ前日協議ニ決シタル趣旨即チ政府ニハ組合十州ノ地区ノ保護ヲ請フニ止メ十八年特達第二項以下ハ本組合ニ放任セラル、モ営業期日ノ如キハ塩業者ノ輿論ニ依リ自ラ決行スヘシ、且今日迄八支部中ニ六ケ月・七ケ月・八ケ月ト夫々主張者ノ異議モアリシガ昨日御諭示ニ基キ概ネ皆ナ七ケ月ニ帰着セリ、独リ阿波支部ハ六ケ月主張者ト八ケ月主張者アリテ八ケ月主張者ハ昨夜ノ協議ニ於テハ七ケ月半ニ譲ラント云ヒシモ今朝ニ至リ又八ケ月ヲ譲ラスト変更セリ、蓋シ不日同国ニ至リ多クノ塩業者ト協議スルニアラサレハ確定ヲ見ルニ由ナキカ如シ、結局相譲リテ以テ協同一致ハ成シ得ラルヘキ見込ナリト答申セリ、然ルニ両備ハ何故カ突然復タ元来八ケ月ノ冀望ナリ云々ト説キ出シテ種々ノ苦情ヲ陳弁シ阿波モ亦引続キ長ク苦情様ノ事ヲ陳述セシカ其趣旨ノ有ル処ハ詳カナラス、此ニ於テ大臣ニハ猶ホ其苦情ノ有ル処ハ能々熟議スヘシ、且組合ノ地区ヲ保護スルト云フニ至テモ東讃ノ如ク協議モ熟考モナサス只タ一概ニ組合ヲ脱去セントノミ主張スル者ニ向テハ組合ニ加入セサレハ営業ヲ差止ムルト制裁スルノ外道ナキモ此処置ニ至テハ甚タ苦ム所ニシテ実ニ断行為シ得難キ場合アリ、到底彼レ東讃ハ組合ヲ除クノ愈レルニ如カス、彼レヲ除キテ爾余ノ地区ヲ保護センニハ如何ナル方法ヲ適当トスル歟是亦能々協議シテ両三日中ニ申出ツヘシ云々ト重テ諭示セラレタリ、是ニ於テ本部長曰、素ヨリ東讃ノ如キハ組合ヲ動乱スル害物ナルカ故ニ組合多数モ之ヲ除却スル事ヲ思ハサルニアラス、切ニ除却シタキ事ナガラ彼ヲ除クヤ既ニ十州地区ニ破壊ノ端緒ヲ生スルナリ、元来組合ナルモノハ多少異議者アリテ其目的トスル処ニ背反スル事ナキヲ免レス、此異議者ノアルガ故ニ組合モ必要トシ政府ノ保護モ必要トスル所ニシテ百人ガ百人同意シテ毫モ異議ナキニ至ル時ハ既ニ組合ノ必要ハ経過シテ無用ナル時機ト云ハザルヲ得ス、本組合ノ今日ハ東讃ノ如ク其他一二ノ如ク苦情アルガ故ニ組合ト保護トヲ必要トスル所以ナリ、故ニ地区ノミハ確乎ト保護セラレン事ヲ冀望スト陳述シタリ、且東讃ヲ除去スル事ニ付テハ西讃支部長三井茂逸氏ハ高松実地ノ情況ヲ叙ヘテ非常ニ慷慨ナル上申ヲナシ大臣始メ列坐ノ人々ヲシテ一時感動セシメタリ、大臣曰、実ニ尤ノ事ナガラ彼レガ如キ強情ヲシテ処置スルハ難事ナリ、然シ乍ラ尚ホ商量シテ有丈ノ方法ハ試ムヘシト雖トモ到底保証シ難キノ意味ヲ陳ヘラレ当日ノ談話ハ是ニテ終リタリ、而シテ我々ハ又直ニ布引瀑ニ集リ阿波・両備ノ異議ニ対シ和熟スル所アラント謀リ採塩期限ヲ一ケ年八ケ月間トスル事ヲ協議セシニ、他ハ皆同意ヲ得タルニ却テ阿波・両備ノ八ケ月主義者ガ同意ヲ表セス実ニ不可思議千万ニシテ恐クハ何カ聴キ違ヒ又ハ意味違ヒニテモセシナラント屢々説明スレトモ兎角依々トシテ決セス、両支部員ハ熟考スルト述テ退席セリ、是レヨリ先キ同所ニ至ルヤ直チニ将来東讃ヲ除却シ爾余ノ地区丈政府ノ保護ヲ受ケント協議セシニ是亦異議者ナキニハアラサリシモ結局本部長ニ一任スト云フ事ニ決シタリ、依テ予ハ帰路水産局長ノ宿所ニ至リ東讃ヲ除ク時ハ将来組合地区ノ制裁ニ苦ムノ恐レアリテ今日迄堅ク脱離ヲ許諾セサルノ主義ヲ執リタリ、然ルニ本日大臣ノ言ニ依テ思フニ彼レニシテ飽迄脱離ヲ主張シテ止マサルニ於テハ之レカ制裁ニ苦マル、モノ、如シ、果シテ然ラハ除却スルノ外ナシ、蓋シ之ヲ除却スルト否トハ組合ノ所見ニ任セラル、モノトシ政府ハ十八年第一項十州ノ間ニ塩田ヲ所有スルモノハ必ス組合ニ加入シ其規約ニ従フヘシトアルニ但組合ニ於テ全体ニ不利益ト認ムル時ハ会議ノ公決ヲ以テ手続キノ上除却スル事ヲ得トノ但書ヲ加ヘラルレハ去就セシムルハ組合ノ権理ニ属スルカ故ニ将来東讃ヲ除クモ地区ヲ保持スルニ差支ナカルヘシト述ヘタルニ、局長ハ種々考按何分体裁上面白カラス如何セシナラハ可ナルヤト深ク煩ハル、ノ体ニテ談種々ニ出デ或ハ一般ノ塩業条例ト云フヘキモノヲ発スヘキカノ談話モアリタレトモ予ニ於テハ既ニ三項ノ達中第一項ノ如キ確乎不抜ノ明文ニテ地区ヲ定メアルニモ拘ラス当局者ノ交迭ニ依リテハ已ニ東讃ノ我儘ヲ制裁スル能ハス、到底政府ノ保護ハ特〔恃カ〕ムニ足ラサル事ハ二十年十二月第二項中止以来ノ実跡ニ依リ確信スル処ナルモ、予ハ塩業者ニアラスシテ畢竟塩業者ノ依托ヲ受ケ組合其者ヲ保持スルノ任ニアルガ故ニ在職中従来ノ形跡ヲ損セサラン事ヲ之レ勤メント姑息ニモ政府ノ保護ヲ成丈依然トシテ存シ以テ後任ニ継続セント欲シタルモ寧ロ此ノ如ク特〔恃カ〕ムヘカラサル政府ノ保護ヲ特〔恃カ〕マシメ長ク組合員ヲシテ迷惑セシムルハ却テ本意ニアラス実ニ今日ハ是レ組合ヲシテ保護ヲ脱シ自立セシムルノ時機ナリト思惟セシガ故ニ局長ノ席ヲ辞シテ帰宅セリ、而シテ翌日神戸倶楽部ニ集会ヲ催シ同所ニ於テ予ハ決意ノ演舌ヲ為シ組合員ノ同意ヲ求メタリ、其演舌ノ概略ハ左ノ筆記写ノ如シ

今日ハ諸君ニ向テ予ガ決意ヲ演ントス、而シテ予ガ決意ニシテ諸君ノ同意ヲ得ルカ然ラサルカ予ハ其如何ニ依リ御依嘱ノ任ヲ進退セント決意セリ

夫レ諸君ハ明治七年本組合再興以来今日迄ノ経歴ヲ回想セラレヨ、然ラバ即チ本組合中混雑ヲ免レサルト又組合ノ為メニ政府ノ保護ノ恃ムヘカラサルトノ二点ハ能ク了解セラ

ル、ナラン、而シテ其組合ノ混雑ニ大小ノ二因アリ、其第一因ハ組合ノ公益トシテ守ルヘキ採塩期節ノ点ニ対シ目前些末ノ遺利ニ迷ヒ他制自儘ノ私心ニ惑ヒ延業日数ヲ貪ル争ヒ是ナリ、其第二因ハ全ク東讃支部内ニ於テ塩業上ノ利害ニ拘ハラス目的ヲ他ニ有スル者三四者アリ、我組合ヲ奇貨利用シ以テ其非理ヲ遂ケント欲ス故ヲ以テ該地頑固ノ塩民ト無頼ノ輩トヲ煽動シ虚声ヲ張リ奸計ヲ回ラシ組合ヲ抗撃破壊セントスルノ所為是ナリ、又政府ノ特〔恃カ〕ムヘカラサル証拠ハ明治十八年特達以前ト其以来現今マテノ実跡ニアリ、抑モ明治十七年ニハ漸ク我組合モ成長シ同業準則ニ依リ初メテ十州塩田同業会ト称シ概則ヲ制定シ之ヲ十州ニ普及スルニ進メリ、然リ而シテ明治十八年八月我農商務省ハ三項ヲ掲ケ組合保護ノ特達ヲ発セラレタリ、当時十州塩田業者ハ欣喜シテ之ヲ組合制裁ノ節刀ト恃ミタルナルヘシ、夫レ刀剣ハ無事ニ無用ニシテ有事ニ有用ナル事三歳ノ童児モ知ル所ナリ、而シテ昨二十年東讃支部中ニ組合規約ニ違背シ濫業ヲナス者アリ、終ニ訟庭ニ争フノ止ムヲ得サルニ至ル、続テ組合脱去ヲ企テ政府ニ請願ス、此ニ於テカ農商務省特達ノ保護即チ彼ノ刀剣ヲ用ユルノ必要ノ時期ニ迫レリ、然ルニ其尤モ必要時期即チ同年十二月廿日ヲ以テ農商務省ハ特達第二項即チ該節刀ヲ奪ヒ却テ組合ニ向テ実地調査ノ令ヲ下シ違背者ニ便利ヲ与ヘラレタリ、当時我組合ノ驚愕果シテ如何ソヤ、然レトモ政府ノ令達スル所謹テ遵守スヘキナリト、依リテ本年二月神戸ニ臨時会ヲ開キ十州各支部ニ於テ一名宛ト本部一名ト都合十名ノ調査委員ヲ撰ミ普ク十州中塩田所在ヲ同行調査ス、此調査ハ実ニ寒気未夕膚ヲ去ラサルニ着手シ熱暑ヲ経過シ又殆ント秋冷ヲ感スルマテ既ニ百五十有余日間ヲ費セリ、而シテ又続テ広島ニ会議ヲ開キ四十余日間ノ審議ヲ経テ漸ク決了シ将ニ六県庁ヲ経由シテ本省ニ提出シ令達ニ示サレタル通リ認可ヲ経テ実施セントスルニ際シ今又農商務大臣ハ我々ヲ兵庫県庁ニ召集セラレ親シク塩業上ノ利害ト組合必要ノ点ヲ諮問シ且諭示セラル、所アリ、其要旨ハ各支部ノ意見ニ差違アル所ハ双方相互ニ譲リ以テ一致団結シ組合ヲ保守スルノ協議ヲナシ、而シテ組合ハ何レノ点マテ自守スルヲ得ル事ト又政府ニハ何レノ点ニ保護ヲ求ムルノ意見ヲ定メ申出ツヘシ政府ニ於テ成シ得ル丈ケノ保護ハ与フベシト

右ノ如ク我組合ハ営業上ニ於テ真正ナル目的ト認定セラレ如此懇命ヲ蒙リタリ、蓋シ近年反対者ノ誹謗ニ依リ社会ニモ殆ント非理ト疑ハレ長ク闇夜ニ沈吟シタル遺憾モ此時晴天白日トナリ諸君ト共ニ歓喜再拝セリ、然レトモ反対者ナル東讃支部塩業者ノ申出ツル処ハ謂レナキ苦情ナルニモ拘ハラス彼レカ甘諾セサル限リハ之ヲ制裁スルニ苦マル、モノ、如シ、夫レ我組合地区ノ保護ナル十八年特達第一項ガ現存スル今日ニシテ已ニ然リ、果シテ然ラ

バ曩キニ諸君カ有事ニ使用セント恃ミタル節刀ハ真ノ利器ニアラス、案山子ニ携ヘシムル竹刀ニシテ且ツ已ニ腐朽シ毫モ其用ヲ為サヽルニアラスヤ、有事ニ其用ヲ為サス無事ニ無用ナリ、而シテ之レカ為メ政府ヲ煩ハスアリ、斯ノ如キモノヲ何ニカスル是レ予カ組合ニ於テ政府ノ保護ハ恃ミナシト云フ所以ナリ、単ニ恃ムヘカラサルノミナラス之レカ為メニ屢々狼狽セシメラレタル実跡ハ前ニ陳ブル如ク正ニ確カナル事実アルニアラスヤ、是レニ依リテ之ヲ鑑ミレバ将来如何ナル準則アルモ将タ如何ナル令達アルモ組合ニ対シテ更ニ寸毫ノ効用ナク却テ又災ヲ蒙ムル事前段ノ如クナランモ亦タ予メ計リ知ルヘカラス、故ニ今ヨリ断然政府ノ保護ヲ脱シ続テ東讃支部ヲ除却シ組合従来ノ組織ハ自カラ守ルノ優レルニ如カス、諸君ハ之ヲ如何トセラルヽヤ、余カ決スル所ノ意見正ニ夫レ斯ノ如シ、若シ諸君ニシテ此意見ニ同意ヲ得サレバ予ハ此組合ニ見込ナシ速ニ任ヲ退カントスルノミ、諸君充分ニ此点ヲ猛省シ覚悟ノ御確答アラン事ヲ切望ス、尤モ諸君ノ同意ヲ得バ別ニ個条ヲ約シ然ル後大臣ニ答申スル処アラントスルナリ

右ノ演舌ニ依リ同意ヲ得ント欲ス、若シ不同意ノ人ハ政府ノ保護カ将来ニ恃ムヘキ点アラバ明示サレタシ、然ラサレバ同意ヲ得ント演ヘタルニ更ニ不同意ヲ唱フル人ナク悉ク同意ヲ得タリ、独リ両備支部長三宅大五郎氏ハ政府ノ保護ヲ全ク脱スルト云フニ至テハ今少シ

覚悟ニ苦ムト云ヒシニ過キス、而シテ全ク政府ノ保護ヲ仰カヌ事ニ決シタル以上ハ東讃ハ無論組合ヨリ除却スヘシ、又営業期日モ各支部ノ決議ニ任スル事トシ而シテ同心協力大ニ販路ノ拡張ニ力ヲ用ユヘシト演ヘタル際、或ル支部員ヨリ一ノ方法案ヲ提出シテ予ヨリ衆員ニ謀ラン事ヲ求ムルアリ、依テ先ツ之ヲ衆員ニ謀リタルニ其方案ニ就テハ各々熟慮ヲ要スルトノ事ニテ一ト先ツ宿所ニ帰リ其夜十時迄ニ予ガ手元ニ意見ヲ添テ送ル事ニ決シテ散会シタリ、是ヨリ先キ前日八ケ月営業ニ付阿波・両備ハ従来主張スル処ノ主義ナルニモ拘ハラス同意ヲ表セサリシハ如何ニモ不可思議千万ナルヲ以テ三井茂逸氏ヲ以テ其意見ノアル処ヲ尋ネタルニ、談話中農商務大臣カ両備・阿波ハ約束附ニテ組合ニ入ラント云フ意味歟ト述ヘラレタル事ヲ命令ナリト信シ如此ヲ欲スト云フニ在リテ即チ両備・阿波ハ其己レノ支部ノミヲ八ケ月営業トシ其他ハ矢張六ケ月ニ従ハシムルヲ望ム、一般八ケ月トナリテハ満足セスト云フニ過キス、予聞テ驚愕嗟歎セリ、翌三十一日ハ前日十時迄ニ予カ手許ニ送ルヘキ約束ノ彼ノ方案ニ対スル意見書カ未タ延引ノ向キ多キカ故ニ之ヲ待ツカ為メ空シク経過シタリ、翌一日ニハ再ヒ倶楽部ニ会合ヲ催シ既ニ各員ハ政府ノ保護ヲ仰カス組合ヲ自守スル事ニ同意セラレタルヲ以テ左ノ要旨ヲ以テ大臣ニ答申スル事ヲ謀ル

十州ノ地区ヲ堅固ニ保護セラルヽ事ヲ得レバ第一項ヲ存シ置カレタシ、今日ノ如ク第一

項存在中ニシテ東讃ノ如キ我儘ヲ主張スルヲ制裁ニ苦マル、モノトスレバ最早政府ノ保護ハ恃ムヘキモノニアラサルヲ以テ断然十八年ノ特達ヲ廃止セラレ組合ハ組合員カ自ラ守リ政府ノ保護ハ仰カサル云々

右ハ兵庫県庁ニ於テ大臣諭示ノ実況大略ナリ、尤モ該席ニテハ筆記ヲ許サレス畢竟予カ記憶スル処ヲ以テ今日爰ニ陳述セシモノナレバ叙事言辞ノ前後脱漏等ハ固ヨリ免レ難シ、併シナカラ意味ニハ大差ナキモノト信セラレテ不可ナカルヘシ

前ノ如ク神戸ニ於テ大臣ニ答申セシハ召集ニ応シタル本支部長ノ意見ニ止マリ未タ組合全体ノ意見ト云フヘカラス、依テ今回臨時会ヲ開キ左ノ趣意議決セシメントスルナリ

一　組合ハ政府特別ノ保護ヲ辞シ組合ハ組合ニ於テ保守スルカ故ニ十八年農商務省特達ヲ廃棄セラレン事ヲ請フ

右議決ノ上ハ組合全体ノ意見トシテ農商務大臣ニ答申セント欲ス、抑三項ノ特達ハ十八年以来組合員ニシテ殆ント組合ノ基礎トモ恃ミタルモノナリ、而シテ今之レカ保護ヲ脱シ廃棄ヲ請ハントス、此場合ニ於テハ一応各地主ニ報告シ其可否ノ意見ヲ問ハサルヲ得ス、故ニ今般地主惣代即チ各員ノ参集ヲ催シタル所以ナリ、依テ各員ニ於テ猶ホ未タ政府ノ保護ヲ有益必要トセラル、意見アラバ其意見ト理由トヲ陳述セラレタシ、予ハ組合ニ有益ノ理

由アラバ其理由ニハ従ハサルニアラス、若果シテ有益ノ理由アラサレバ断然三項ノ特達ハ返還スル事ニ御同意ヲ冀望スルナリ、依テ三項ノ達シヲ返還スルヤ否ヤニ就キ御確答アラン事ヲ冀望ス

（『日本塩業大系　史料編　近・現代㈠』より）

五　『塩業利害説明前篇附録』の概要と原文

次に掲げる『塩業利害説明前篇附録』は、生本伝九郎が塩業利害説明前篇を記述し、続いて後篇に着手することを明言したが、組合臨時会その他の事務の繁多により数十日延引した。このごろ後篇の執筆をしようとしている時、たまたま井上甚太郎が前篇説明は事実と食い違っていると非難攻撃する説を著し、諸新聞に投書しそれが掲載された。

自分は前篇説明を細説し、事実の確乎たることを社会に弁明する好機を与えられたので、まず井上の非難攻撃に対して弁明し、自分の前篇説明の基本を確定し、後篇に取り掛かろうと思う。この弁明は塩業利害の関係であるから、これを前篇附録として世の中に公にしようと思う。そのため井上甚太郎の駁説を冊末に写した。読者は二人の説を熟読し、どちらに事実と道理が

あるか十州塩民のために見分けてほしい。

以上が『塩業利害説明前篇附録』の概要である。次に原文を掲げる。

塩業利害説明前編附録（明治二十一年三月）

十州塩田組合本部長　生本伝九郎誌

曩日塩業利害説明前編ヲ記述シ続テ後編ニ着手スベキ事ヲ明言シタリ、然ルニ爾来組合臨時会其他事務ノ繁雑ニ依リ遂ニ数十日ヲ遷延セリ、爰ニ於テ頃日将ニ筆ヲ後編ニ下サントスルニ際シ適マ井上甚太郎氏ナル人アリ、予カ前編説明ヲ以テ事実ニ齟齬スルトシ一編ノ駁説ヲ著シ諸新聞ニ投書掲載セリ、之レ予カ前編説明ヲ細説シ併セテ事実ノ確乎タル事ヲ社会ニ弁明スルノ好機ヲ与エラレタルモノナレハ先同氏ノ駁撃ニ対シテ弁明シ以テ予カ前編説明ノ基本ヲ確定シ以テ後編ニ及ハントス、蓋シ此弁明ハ全ク塩業利害ノ関係ナレバ之レヲ前編ノ附録トシ江湖ニ公ケニセント欲ス、且井上甚太郎氏ノ駁説ヲ写シ冊末ニ謄録セリ、読者請フ雙方ノ説ヲ熟読翫味シ以テ事実ト道理ハ何レニ存スル歟十州塩民ノタメニ判別セラレン事ヲ敢テ冀望ス

明治廿一年三月

十州塩田組合本部長　生本伝九郎誌
（『日本塩業大系　史料編　近・現代㈠』より）

六　井上甚太郎の弁駁

井上甚太郎が生本伝九郎の三八法に関する意見を読み「其所説ニ服スル能ハズ、蓋シ今日組合紛紜ノ原因タル三八法ノ利害ヲ明晰ニスルハ甚ダ必要ノ事ト信スレバ茲ニ疑ヒヲ質サントス」として弁駁したものである。

井上甚太郎氏ノ弁駁書写

生本氏ノ三八法意見ヲ読ム　　井上甚太郎

十州塩田組合本部長生本伝九郎氏ハ三八法ニ関シテ其意見ヲ述ベタリ、余輩之ヲ熟読シテ竊ニ其所説ニ服スル能ハズ、蓋シ今日組合紛紜ノ原因タル三八法ノ利害ヲ明晰ニスルハ甚ダ必要ノ事ト信スレバ茲ニ疑ヒヲ質サントス、但シ先ヅ生本氏ガ議論ノ土台タル第一項即チ三八法ハ全ク生産費用ヲ減ズルノ良法ニシテ塩業者当然ノ目的ト題シタル一節ヲ左ノ五

項ニ傾チテ論弁セン
第一　夏期ニハ一日ニ鹹水三石ヲ得ル」トハ事実ニ齟齬スル事
第二　冬期ニハ其七分則チ二石一斗ヲ得ル」ト云フモ前同様事実ナラザル事
第三　石炭ニ至リテハ夏五斗ノ塩ヲ製スルニ用フルヨリ冬期三斗五升ヲ製スルニ多量ヲ費ヤサザルヲ得ズ（中略）殆ンド一倍ヲ費ス」トハ是亦事実ナラザル事
第四　三八法ハ周年ノ営業ニ優ルノ利益アル」トハ亦事実ニ齟齬スル事
第五　隔日持ト三日持トヲ以テ休養ス」トハ亦事実ニ相違セル事

第一　夏期ニハ一日ニ鹹水三石ヲ得」トアリ、氏ハ比ノ事実ニ付讃岐孰レノ浜所ノ実況ニシテ其塩業者ノ姓名ハ何タルヲ証明スルヲ得ルヤ、蓋シ能ハザルナラン、何トナレバ斯ル多量ノ鹹水ヲ一日持即チ朝ニ培砂ヲ地場ニ撒布シ暮ニ収鹹シタル事決シテ之ナケレバナリ、抑モ我讃岐ノ如キハ沼井（浸出槽）一箇二穴ニシテ其敷地ヲ一坪七合トシ之レヲ七間ニ八間ノ地場即チ五十六坪中ニ置クモノナリ、然ラバ其一坪七合ヲ減ジ残ル五十四坪三合ノ地場ニ培砂七石（余ガ塩業改良ノ始末ニ三石五斗ト記セシハ誤ナリ）ヲ撒布シ之レニ海水ヲ撒注シ真鍬ト云フ櫛様ノ器械ヲ以テ屢々培砂ヲ曳キ之ヲ鬆疎ニシ勉メテ水分ノ蒸発ヲ助催シ而シテ塩分ノ附着結晶スルノ期三日ヲ待チテ収鹹スルモノニ係ル其培砂ヲ沼井ニ投ジ之レニ「モンダラ」ト云フ稀薄塩汁即チ嚢キニ塩分ノ附着セシ培砂ヲ沼井ニ投ジテ収鹹シ然ル後更ニ海水ヲ注ギテ残リノ塩分ヲ沪過シテ二穴ニ貯蓄シアル者凡ソ四荷ノ量一石六斗ト海水五荷即チ二石合計三石六斗ヲ注入シテ得ルナリ

第二　冬期ニハ其七分即チ二石一斗ヲ得」トアレドモ夏期ダモ一日持ニシテ三石ノ収鹹ヲ得ズ、其最上ノ平均モ二石ナルニ何ゾ冬期ニ其七分二石一斗ヲ得ルノ理アラン哉、想フニ氏ハ徒ラニ三八法ニ熱心シテ他ヲ顧ミザル頑僻者ノ空言ヲ聴キ而シテ之レヲ実地ニ証徴セザリシナルベシ、我讃岐ニ在テ冬期ノ収鹹ハ地場ニ撒布セシ培砂中ニ塩分ノ附着結晶スル度ヲ視察シテ収鹹スルヲ常トス、凡ソ冬期三箇月ノ平均ヲ挙クレバ収鹹ハ五日ヲ要スルナリ、故ニ其鹹水ハ決シテ夏期ノ鹹水ニ比シテ七分杯ノ少量ニアラズ、概シテ鹹水一石ヨリ四斗三升強即チ夏期ノ鹹水ニ比シテ九分余ノ割合ナリ、若シ然ラザレバ利益アル事ナシ、利益ナケレバ焉ゾ多年ノ間該業ヲ継続スルノ理アラン、抑モ熟練ノ塩業者ガ多年ノ経験ヲ以テ利不利ニ着眼スル所ハ鹹水ノ厚薄如何ニ在ルナリ、余ハ十州塩田組合本部長ノ資格ヲ有スル氏ガ期ル誤謬ヲ堂々明言シテ憚カラザルヲ惜ムナリ、望ムラクハ事実ニ徴シ架空ノ所論ナカラン事ヲ

第三　石炭ニ至テハ夏期五斗ノ塩ヲ製スルニ用フルヨリ冬期三斗五升ヲ製スルニ多量ヲ費サヾルヲ得ズ（中略）殆ンド一倍ヲ費ストアリ、気候ハ収鹹ノ多少ト塩分ノ厚薄トニ関係アルハ素ヨリ然リ、然レドモ氏ガ所謂実験説ハ甚ダ事実ニ差ヒ居ル事前項ニ於テ既ニ瞭然タリ、故ニ余ハ氏ノ冬期鹹水ハ夏期ノモノニ比シテ殆ンド一倍ト断言シタル一句ハ已ニ其土台ナキモノタルヲ信ズレ共今更ラニ詳説センニ前項ニ余ガ論弁セシ如ク冬期ニハ五日ヲ要シテ（五日持）収鹹スルヲ以テ夏期ニ比シテ九分ノ塩力アレバ夏期ニ比シテ石炭ノ消費只十分ト九分トノ違ヒ丈多キヲ要スルノミ、即チ夏期ノ鹹水ヲ煮了スルニ石炭二千六百四十斤ヲ消費スルト仮定スレバ冬期ハ之レニ百斤乃至二百斤ヲ増加セバ寧ロ過グルモ足ラザルコトナキナリ、況ンヤ夏期ニハ季候炎熱ナルガ為メ焚夫モ火力ヲ催進スルニ於テ多少ノ怠慢ナキ能ハザルニ冬期寒冷ノ時ハ決シテ此怠慢アラザルニ於テヲヤ

第四　三八法ハ周年ノ営業ニ優ルノ利益アル」トアレドモ請フ其然ラザル所以ヲ弁セン、抑我讃岐ノ塩業ハ従来周年ニ渉ルヲ以テ毎年地場ニ多量ノ培砂ヲ施スニ依リ三八法ヲ実行スル塩田ニ比較シテ毫モ収鹹ノ量ヲ減セズ、但シ東讃潟元浜ハ培砂ヲ施サヾレトモ収鹹ハ決シテ為メニ減少セザルナリ、故ニ一般ノ上ニテ同一ノ塩田ニ同一ノ培砂ヲ施シ同一ノ修繕ヲ為シテ而シテ三月ヨリ八月マデノ間ニ於テ両者相比ブルトキハ三八ノ方幾分カ

収鹹ノ多量ヲ得ベシト雖ドモ讃岐ノ如ク気候其宜キヲ得ル上ニ培砂ヲ施ス等地力ヲ培養スルヲ怠ラズ黽勉之レニ従事スルニ於テハ周年ノ営業大ニ利アル事古来ノ実験ニ照ラシテ明カナリ

又生本氏ハ唯漠然ト寒暖計ノ度ニ従テ十州中格別ノ相違アル可ラズ、故ニ云々ト論ジタレドモ実ニ謂レナキノ甚シキ次第ナリ、抑モ製塩業ハ勿論温度ニ因リテ適否ヲ異ニスレドモ是レ唯右適否ノ一小部分ノミ温度ノ外空気中ニ含ム水気ノ分量、雨量、雲量、風ノ速力、陰晴ノ如何等総テ皆塩業ニ大関係アル気象ナリ、明治十六年農商務省ヨリ発セラレタル外国教師コルセルド氏ノ報告書ハ頗ル綿密ニ調査シタルモノナリ、同書中気象ノ性質ニ由テ日本国ノ海岸ヲ区分スト題シタル章ニ第一、二、三、四、五、六、七岸区ニ別チ一々説明ヲ下シタル後ニ左ノ如キ記事アリ、一読セバ余ノ所論ノ妄ナラザルヲ知ルベシ

以上陳スル所ヲ以テ考フルニ四国北岸ノ気候ハ啻ニ温暖ナルノミナラス大気ノ乾燥ナル事モ敢テ和歌山ニ譲ラサルヘク或ハ寧ロ和歌山ノ気候ヨリモ可ナルノ徴アルカ如シ、然ル所以ハ多ク水分ヲ含有スル所ノ空気南方大洋ヨリ吹キ来ルヤ四国ノ中央ヲ東西ニ遮断スル山脈ニ触レテ水気ヲ失ヒ其北岸ニ到達スレハ已ニ蚤ク乾燥シテ且ツ温暖トナ

ルヲ以テナリ、加之四国ノ北岸ニハ森林多ク陽光為メニ輝耀シテ亦土地ヲ暖カナラシム、実ニ当地ノ人民ハ数十年来甘蔗ヲ繁殖セシメテヨリ特ニ気候ヲ温変シ空気モ随テ頗ル乾燥ニナリタリト云フ、是ニ由テ之ヲ観レハ四国ノ北岸並ニ和歌山ノ近傍ハ本邦ノ海岸中最モ製塩ニ適当セル所ト云フヘシ、後来製塩ノ業ノ益々弘張隆盛ニ赴クハ其レ此地ニアラン乎、洵ニ此好気象ヲ有スル伊予・讃岐等ニ於テ塩田ヲ開設シテ好結果ヲ見ルヘキハ豈ソレ疑ハンヤ他ナシ、坂出ニ於ケル如ク一箇年中休時ナク通シテ製塩ノ業ヲ営マシムレハナリ、而シテ現今斯ノ如ク一箇年間塩業ヲ営マシムルノ地ハ全国中単リ阿波国撫養アルノミ、然リト雖モ若シ撫養ニシテ冬業ヲ営ムトキハ気象ノ宜カラサルカ為メニ常ニ損失ヲ招キ利潤アルナカラント云ヘリ、因テ思フニ坂出ニ於テ今冬業ヲ行フモ敢テ大利ヲ得ル能ハサルヘシト雖トモ損益ハ亦相償フニ足ルヘシ、左ニ登載スル数目ハ各所ノ塩田営業ニ於テ一箇月ニ製出スル塩量ナレハ是ニ由テ以テ気象ノ適不適ヲ推測スヘキナリ

一箇月間ノ製塩　同

三田尻	二百二十石	富浜	二百二十五石
坂出	二百四十二石	児島	二百六十九石

赤　穂　　二百十六石　　　　　　　撫　養　　一百五十石
潟　元　　二百四十八石
表中坂出ヲ除クノ外ハ皆ナ一箇年間僅カニ七箇月若クハ八箇月ノ就業時間ヲ有スルノミナレハ三田尻・尾ノ道・赤穂等ノ気候ハ坂出・潟本・児島並ニ其半島ノ如ク製塩ニ最モ適当セルニハアラス、而シテ児島ハ内海ニ突出スル半島ニシテ略々四国ノ北岸ニ接近シタレハ其気象モ亦此等北岸ノ者ト殆ト同一ナルヘシ、今夫レ中国地方ノ所々ニ於テ（児島ヲ除ク）最モ製塩額ノ多シト称スル暑中ニ於テスラ其一箇月ノ産額ハ坂出ニ於テ全年中平均一箇月ニ製出スルモノヨリモ少キ事二十石トス、夫レ坂出ニ於テハ四季共ニ業ヲ営ミテ其冬間ニ得ル所ハ漸ク少ク為ニ全年中一箇月ノ平均ヲ取テ算スレハ其数大ニ減シタルモノナレトモ其差既ニ斯ノ如シ、又児島ニ於テハ好季ヲ択ヒテ製塩ノ業ヲ営ムカ故ニ全年中僅カニ八箇月間ノ就業時アルノミ、故ニ此八箇月間ニハ産額最モ多ク従テ其際ノ平均ヲ算シテ茲ニ掲クル数ハ素ヨリ自カラ大ナリ、之レニ反シテ撫養ニ於テ冬業ヲ営ムハ雇夫ノ徒手ヲ補フ為メナレハ其得ル所最モ少シ、而ルニ此最少数ノ月ヲ加ヘテ今全年ノ平均ヲ算定シタレハ其ノ製塩額ハ素ヨリ甚タ少キナリ、夫レ撫養ハ製塩ニ適良ナル岸区内ニアラスシテ殊ニ降雨ノ最モ多キ岸区即チ第一岸ニ位置ヲ占メリ、而シテ其斎田ノ塩業ノ如キハ今ヤ他ノ製塩者ト共ニ進ンテ競争スルコト能ハサル勢ナレハ終ニ必ス其業ヲ廃スルニ至ランコト余ノ敢テ疑ハサル所ナリ

第五　隔日持ト三日持トヲ以テ地力ヲ休養スルトアレドモ元来地場ハ休養ナキノ事実ナレバ余ハ其事実ヲ述ン、夫レ隔日持トハ例セバ今日培砂ヲ地場ニ撒布シ明日該砂ヲ沼井ニ投スルニ当リ直チニ一替リノ培砂ヲ沼井ノ傍ラニ貯ヘ置テ乾燥セシ者ヲ撒布シ而シテ同時ニ収鹹スルナリ、三日持ハ培砂ヲ地場ニ一日長ク撒布シ置テ塩分ヲ吸収セシムルノ事実ニシテ決シテ休養スル者ニアラザルナリ、殊ニ知ラズヤ彼培砂ヲ地場ニ撒布スルヤ真鍬テ以テ塩夫ハ各方ヨリ縦横ニ之ヲ曳キ細管ノ作用ニ由リテ専ラ水分ノ蒸発ヲ催進シ又該砂ノ乾燥スルニ当ツテハ海水ヲ迸擲雨注シ以テ地場ヲシテ其下層ヨリ塩分ヲ吸収セシムル事其幾度ナルヲ知ラズ、是レ則チ其水分ヲ蒸発シテ塩分ヲ砂中ニ附着結晶セシムル為ナリ、夫レ然リ然ラバ則チ地場ノ休養ハ決シテナキノ事実ナルヲ悟ルベキナリ、想フニ氏ハ実地ヲ経験シタルニアラズシテ或ハ三八法熱心者ノ言ヲ耳ニシタルニアラザル乎、但シ彼ノ沼井ト培砂トハ互ニ休養アルノ事実アリ、其次第ハ沼井ナル者ハ大抵其日ノ午後ニ在テ培砂ヲ投シテ収鹹シ而シテ其翌朝ニハ該砂ヲ掘出シ其傍ラニ堆積シ又其翌日午後ニ至テ培砂ヲ投スル事ナレバナリ、去レバ生本氏ハ沼井ト培砂ト互ニ休養スルノ事実

ヲ誤認シテ地場ノ休養トナセルニハアラザル乎、若シ他ニ地場ノ休養ト云ヒ得ル事実アラバ乞フ之レヲ明示セヨ（未完）

以下毎日新聞ヨリ謄録ス

氏曰、三八法ハ自然価格ニ勢力ヲ生スル理ナキ能ハス（中略）然レトモ之レカ為メ勢力ヲ生シタル価格及減シタル生産費並ニ休養シタル地場ノ利益此三ツヲ併セテ消費者ニ分配セラレタリキ」ト

夫供給ヲ減少スレハ自カラ価格騰貴スベシ、之ニ反シ供給増加スレハ価格自カラ低落ス、此レハ是レ普通ノ理ナリト雖トモ又供給ヲ増加スルモ価格ヲ高貴ニ保ツヲ得ルアリ、何ソヤ曰需要ノ頻繁即是レナリ、今ヤ我邦食塩ノ如キハ内地ニ其販路ヲ拡張スベキノ気運ニ達シ且僥倖ニモ外国ニ輸出スルノ盛況ニ遭遇シテ未タ其輸出スベキノ半数ニモ遠ク及ハサルノ現状ナレハ愈々供給ヲ増加スルモ価格ヲ有利ニ保ツヲ得ベシ、官報ニ由テ之ヲ見ルニ朝鮮ニ輸出スベキ数量ハ年々百八九十万石ナリト、而シテ政府ハ懇諭ヲ下シテ我塩業者ハ宜シク此販路ヲ進取スベシ決シテ穉点ノ卑術ヲ施シテ之ヲ失フ勿レト教ヘラレタルニ非ス哉、又政府ハ食塩輸出ノ関税ヲ免セシハ勧奨セシ特典アルニアラズ哉、然リ而シテ我ガ十州地ノ食塩ハ其団結ノ効力ニ由テ悉皆之カ輸出ヲ任シタル乎、旧本部長秋良貞臣氏ノ言ニ由ルモ

十州外肥前・肥後両国ノ産塩ハ多々該地ニ輸出セリト云フ、良シヤ十州ニ之ヲ専占スルモ未タ其半数ニモ遠ク及ハサルニ非ス哉、然ルニ我十州会ハ徒ラニ供給ヲ減少シテ価格ヲ高貴ニ保ツノ外ナキ事実ナリトス、豈ニ之ヲ経済ノ真理ヲ揮捲シタリト為ス乎、又近頃輸出塩補助トシテ若干金ヲ募リテ輸出ヲ促スハ余ノ甚タ賞賛スル所ナリト雖トモ其供給ヲ減少シテ価格ヲ高価ニ保ツヲ以テ之ヲ観ルニ彼ノ補助金ハ其効ヲ有セサルニ似タリ、何トナレハ巨多ノ塩量ニ高価ヲ保チ而シテ之レヨリ最モ僅微ノ価金ヲ控除スルノ理ナレハ所謂補助ノ名アリテ其実ナキナリ、是レ則チ稗点ノ実証ヲ暴露セシナリ、寧ロ供給ヲ増加シテ低価ニ販売スルノ優ルナリ、余ハ進ンテ氏ノ言ニ就テ論弁ヲ下サンニ供給ヲ減少スレハ価格上ル、而シテ其価格ノ上リタル者ハ取リモ直サス供給者ノ利益トナリテ消費者ノ損害トナルノ事実ナリ、彼ノ生産費ノ減スルモ亦然リ、然ラバ則チ三八法ニ於テ供給ヲ減シタルニ由リ消費者ニ其利益ヲ分配スルノ理孰レニ在ル乎夫三八法ハ供給ヲ減少シテ価格ノ騰貴ヲ貪ルノ事実ハ決シテ之ヲ掩フ事ヲ得サルモノナリ、然リ而シテ十州ノ製塩者カ其之ヲ主張スル所以ノモノ全国食塩ノ製産ハ十州ニ限ル者ト妄信シ他三十四州ノ製塩地ヲ蔑視スルノミナラス甚キハ彼ノ外塩ノ輸入ハ陽ハニ之ヲ恐ルカ如クシテ其実ハ決シテ輸入セサルモノト臆断スルカ如シ、凡ソ物ノ価高ケレバ他ニ同業興リテ其製産ヲ勉メ以テ相平均スルハ事物自然ノ通理ナレハ十州ノ製塩者カ供給ヲ減少シテ価格ノ騰貴ヲ致サハ他三十四州ニ於テ其産額ヲ増加シ以テ相平均スルニ至ルハ免カルベカラサルノ数ナリ、彼ノ外塩ハ官報及ヒ私報ニ由ルモ一石ヲ二十七貫目トナシ価格ハ七十銭内外ニシテ日本孰レノ港湾ニモ到着ストニヘリト、果シテ然ラハ氏カ主張スル三八法ハ日ニ其運命ヲ短縮スルニ非スシテ何ソヤ、統計年鑑ヲ閲スルニ過ル十六年ノ魚類ノ塩蔵ハ二百六十三万九千四百三十七貫目ニシテ其翌十七年ニハ一進シテ三百五十九万四千五百六十四貫目ナリ、十八年以後ハ多々増加シタルヤ疑フベキニアラズ、其故ハ産塩ニ遠隔スル地方ニ於テハ常ニ食塩ノ高価ヲ憂ヒ居レハ海運ノ開ケテ運賃低下ニ赴キ従前ニ比シテ食塩ノ低下ナルニ由リ之ヲ購入シテ魚類ヲ塩蔵シテ以テ社会ノ需要ニ供スルノ利便ヲ得レバナリ、然ラバ則チ食塩ノ供給ヲ減少シテ価格ヲ騰貴スルニ於テハ現ニ此塩魚ノ隆興ニ妨害ヲ与フルニ非ス哉、塩魚ニシテ然ラハ其他百般ノ供用皆然ラサルヲ得サルナリ

第三項　氏ハ現今六ケ月営業ヲ解放スル時ハ忽チ当業者ニ困難ヲ来シ結局社会一般ノ消費者モ亦其弊ヲ免カレサル事ヲ説明ス」ト題シ三八法ヲ主張セリ、余ハ之ヲ二項ニ頒チテ左ニ論弁セン

第一項　十州塩業者カ此法（三八ヲ云）ヲ採用シタル百余年ノ当初ヨリ」トアルハ其事

実無根ナル事

第二項　規約ヲ解放スルト同時ニ十州中ノ塩業ハ期節ノ適否ヲ問ハス生産費ノ多寡ヲ顧ミス」トアルハ其事実ニ齟齬スル事

第一項　十州塩業者カ此法ヲ採用シタル百余年ノ当初ヨリ」トアレトモ是レ則チ架空無根ノ事ナリ、抑我讃岐ノ塩業者ハ維新前ニ在テ未タ曾テ該会ニ関係セシ事ナシ、然ルニ氏ハ然ラスシテ社会ニ向テ斯ク公言スル以上ハ必ス余カ論鋒ニ敵スヘキノ確論アル者ナラン、余ハ該三八法ノ沿革其見ルベキモノアルヲ示サンニ今ヲ去ル八十年前文化六巳年二月大浜李渓ト云フ人故田中藤六ノ遺書ナル者ヲ編纂シ名ケテ大格ト云フ、該書ハ明治十七年我農商務省ニ於テ十州塩田諮問会ヲ神戸ニ開設セラレシ時備後ノ人某右大格ヲ携ヘ来リ之ヲ梓ニ上サントスルニ幸ヒ当時本部長秋良貞臣氏ノ賛成ヲ得テ之ヲ活版ニ附シ世ニ頒布セラレタルモノアリ、就テ見ルベシ、其書中「矢田部玄播讃阿行松村曰時未至也」トアリテ該三八法ノ遊説ヲ止メタリ、是ヲ以テ之ヲ視レハ八十年前ニ在テハ我讃岐ハ関係ナキノ事実ヲ知ルニ足ルベシ、維新後明治七年ニ在テ西讃坂出新浜ノミ、該新浜カ十州会ニ加盟セサルヲ得サルニ至ルモ是レ万止ムヲ得ザルニ出ツ、此件即維新後ノ事ハ後項ニ詳論スベケレハ玆ニ論セス、夫藤六氏カ十州ノ同盟ニ到ラサルニ該文字ヲ以テ数州ノ会合ニ用ヒタル所以ヲ考察スルニ他ナシ、漸ヲ以テ之ヲ十州ニ及ホサントスルヤ明ナリ、彼大格ニ云フアリ曰ク瀬戸内百里惟塩民ノ所止トアリ、其注ニ瀬戸内トハ播三備芸長防阿讃予ノ十州ヲ指的シタルヲ以テ之ヲ観ルモ亦疑フベキニアラズ、夫人ノ意思即目的ノ成ラサル者ニ於テ之ヲ既已ニ成リタル者トシ以テ後世之ヲ論スルハ故人ヲ欺キ今人ヲ強ユルナリ、豈ニ斯ル悖理アラン哉生本氏ハ以テ如何トスル乎

第二項　規約ヲ解放スルト同時ニ十州中ノ塩業ハ期節ノ適否ヲ問ハス生産費ノ多寡ヲ顧ミス」トアルハ氏ハ未タ塩業ノ何物タルヲ弁セス徒ラニ三八法熱心者ノ言ヲ耳朶ニ止メタルニ由ルナラン、夫十州ノ塩業者ハ塩業ヲ以テ生活ヲ為ス者ナリ、故ニ利アレハ其業ヲ営ミ利無レハ其業ヲ止ム、唯利ノ一辺ニ営業ヲ為ス者ナリ、是ヲ以テ気候ノ収鹹ニ適セサルニ於テ休業シ適スルニ至テハ営業スベキナリ、現ニ故田中藤六氏ノ如ク其営業地即防州ノ如キハ三月ヨリ八月迄ノ気候ニアラサレハ収鹹ニ適セサルニ由リ其前後ヲ休業セリ、是レ其収鹹ノ気候ニ適セサレハ利ナキヲ以テナリ、然レトモ当時藤六ハ該三八法ニ熱心スルヲ以テ気候ノ適否ヲ問ハス十州ヲ同一視シテ以テ三八ノ前後ニ休業スルヲ勧奨セリ、蓋シ藤六氏カ熱心ノ誤ナリト謂フモ不可ナキト信ス、抑塩業ヲ以テ翫弄物トスルニ非スシテ生活ノ基本ト為ス者ナレハ仮令ヒ規約ヲ解放スルモ我邦塩業ハ衰滅ニ帰スル

ノ理ナキハ了解セラレタル事ナルベシ、現ニ十州外三十四州ノ塩業ハ其法ノ拙陋ナルモ依然継続セシヲ以テ之ヲ観ルモ亦其例証ヲ知ルニ足ルベシ、余ハ是レヨリ規約ヲ解放スレハ生産費ノ多寡ヲ顧ミス多々産出スベケレハ遂ニ優勝劣敗ノ結果ニ至ルベシト云フニ就テ論弁スベシ、彼ノ優勝劣敗ハ仮令如何ナル規約ヲ設クルモ到底免カルベキニアラサルナリ、氏ト雖トモ前第二項ニ於テ論スルカ如ク我邦ハ既已ニ海外各国ト互市ヲ開キ以テ専ラ優勝劣敗ノ戦場ニ臨メル事ハ知ナラン、然レトモ氏ノ如ク十州ノ外世界ニ製塩場ナシト臆断スル者ニ在テハイサ知ラス苟モ少ク眼ヲ内外ニ注キ其維持ノ如何ト将来ニ在テ愈々其隆盛ノ運ヲ占ムベキヤ否ヲ考フル人ナラシメハ我邦四十四州ノ広キニ渉ルニモ拘ハラス僅ニ十州ニ在テ名ヲ改良ニ仮リテ其実ヲ挙ケス、徒ラニ其供給ヲ減少シテ価格ノ騰貴ヲ貪ルカ如キ自カラ死地ニ陥ルノ頑愚ヲ笑ハサルモノアラン哉、氏ハ宜シク外塩ノ如何ヲ案シ然ル后内塩ノ維持ヲ謀ルベシ、然ラサレハ共ニ内塩ノ維持ヲ語ルニ足ラサルナリ

第四項　氏ハ明治十八年農商務省ノ特達ハ全ク十州中ニ百余年間実際ニ行ハレタル慣習法ヲ保護シタルモノニシテ政府カ制限シタルニアラス殖産政略ヲ採用セラル丶間ハ当然ノ政務ナル事ヲ説明ス」ト題シ三八法ヲ主張セントス、然レトモ虚構ノ手段ハ到底其効ヲ

奏スベキニ非サルナリ、余ハ之ヲ二項ニ頒チテ論弁セン

第一項　明治七年再興以来」トアルハ其事実無根ナル事

第二項　政府ハ十州会ハ（中略）百余年間実際ニ行ハレタル習慣法ヲ保護セラレタル」
　トアルハ是レ亦其事実無根ナル事

第一項　明治七年再興」ト明言スレハ必ス其起源ナカルベカラス、然ルニ其起源ナキヲ奈何セン、然レトモ強ヒテ之レアリトセハ請フ其実ヲ詳記スベキナリ

第二項　政府ハ十州会ハ（中略）百余年間実際ニ行ハレタル習慣法ヲ保護セラレタリ」ト断言スレトモ是レ亦其事実無根ナルヲ奈何セン、余ハ左ニ之ヲ四項ニ頒チテ論弁セン

第一項　我讃岐ノ塩業者カ十州会ニ列セシハ明治七年備後尾ノ道ニ於テ開設セル十州会ニ在リ、而シテ其之ニ列シ将来ヲ約セシハ西讃岐〔坂カ〕出新浜ノミト思ハル、或ハ詫間浜ノ之ニ列セシ歟如何ヲ知ラス、該新浜ハ長防芸備等ト共ニ販路ヲ東北ニ取リシヲ以テ勧誘ノ頻リナルノ因縁アリ、兎モ角真正ノ十州会ニ成リ立チタルハ之ヲ嚆矢トス、爾後其他ノ各浜ニ於テ該会ニ列セシ事アルモ彼ノ三八法ノ実行ヲ約シタル事ナク只該会ニ列シ休業利便ノ説ヲ聴キ或ハ少数ノ日子休業ヲ為シ其利害ヲ試ミタルモ該休業ハ不利ノ甚キニ由リ之ヲ謝絶セリ、然レトモ該会カ勉メテ之ヲ勧誘シテ止マサリシハ他ナシ、

我塩業者カ勇進シテ販路ヲ東北ニ拡張スレハ該十州等ハ斯ク自己等カ販路ニ喰込マル、ヲ憂慮セシニ出ツルハ蓋シ重大ノ関係ナリトス

第二項　農商務省ニ於テ十州塩田諮問会ヲ神戸ニ開設セラレタルハ明治十七年二月ニ在リ、該時我ガ讃岐ヨリ七名ノ会員ヲ官撰ヲ以テ出会セシメラレタリ、抑モ本会ノ後ニ在テ十州臨時会ノ開設アルヤ否ハ該会員ニ在テ之ヲ予知セサルハ勿論該会員ノ撰挙スラ為サヽリシ塩業者ニ在テ夢ニダモ之ヲ知ラサル事

第三項　右諮問会ヲ結了スル哉否直チニ十州臨時会ヲ開設セントスルニ際シ我讃岐会員ノ内井上三蔵・木村重次ノ両氏ハ該臨時会ニ関係スベキ資格ナキヲ論シテ帰国セシト、然ルニ残ル五名ハ無遠慮ニモ堂々乎トシテ讃岐国代議人ノ資格ヲ冒称シ以テ該会ニ列シ三八法ノ保護ヲ請願スベキ事ヲ議決シ之ヲ防州ノ人秋良勇臣〔貞〕氏（旧本部長）ニ其権限ヲ明記シ以テ請願ニ従事セシメタレハ我讃岐会員七名ノ内二名ヲ除キ五名ノ調印アリ、是レ則チ同年五月二日附ヲ以テ農商務省ヨリ特許ヲ与ラレタルノ事実ナリトス

第四項　我愛媛県甲第百十三号ヲ以テ塩業ニ制限ヲ厳達セラレタルハ明治十八年八月廿九日ニ在テ農商務省特達三項ニ起因セリ、該制限ノ実施タルヤ則チ一昨明治十九年ニアリ

以上ノ事実ヲ以テ之ヲ観ルトキハ氏カ云フ所ノ如ク十州会ハ百余年間実際ニ行ハレタル習慣法ヲ我政府カ保護セラレタリト明言スルモ其事実ニアラサル事瞭然ナルベキヲ信ス、又我讃岐塩業者ノ総代人タル其資格ノ正否モ亦明晳ナレハ該三八法保護ノ請願ト雖トモ讃岐塩業者ニ於テ其関係ナキモ復タ毫末ノ疑ヲ容ルベキニアラザルベキナリ、伝九郎氏ハ以テ如何トスル乎

（完）

（『日本塩業大系　史料編　近・現代㈠』より）

七　井上甚太郎の弁駁に対する生本伝九郎の弁明の概要と原文

後に掲げる文は井上甚太郎が生本伝九郎の「塩業利害説明」が事実とくい違うと諸新聞に投書して非難・攻撃したことに対する生本伝九郎の弁明である。次にその概要を記す。

井上氏は自ら塩業老練家をもって任じている人で事実と事理に誤りなきを信じているが、彼の弁駁は事理の貫通するものがない。これが自分が弁明しなければならない理由である。

この一編の弁明は井上氏の非難・攻撃に起因するため同氏の説を退けつぶすようなことになっても止むを得ないが、いささかも井上氏その人を攻撃するのが目的ではなく、塩業上三八法

の利害を社会に知らせようとすることが目的で、井上氏の説と自分の弁明とを対照比較し事実と道理がどこにあるかを探究してほしい。

そもそも自分の説明の基本は第一項で、三八法は塩業者に有益であることと地場の休養に有効という二基本に起因している。第二項、第三項は已に社会に定った通理であるから多弁を要しない。第四項は政府特達の解釈であって井上氏と争うことは無益であり、政府は政府の職務としてこれを保護しなければならないのは勿論のことである。

井上氏は自分の説明第一項に付き五項目を挙げて非難・攻撃した。自分は今同氏の五項目により第一項から第三項までを弁明し、その後第四項、第五項に及ぼうと思う。

井上氏は自分の言が道理に合わないと非難・攻撃したようであるが、氏は自分の説明に対して一撃を加えようとして自ら敗れたと言える。自分は同氏と私交の上では自分の力ではどうにもならずため息をついているが、自分の塩業の利害を公衆に説明する好機を与えてくれたのであって、同氏の非難・攻撃を受けるたびに自分の説明は益々堅固となり、社会に信用を得るに至った。このことは同氏に感謝しなければならないとして、かつて十州各支部の塩田で得た実験結果を掲げている。

以上の弁明をもって井上氏の攻撃第一項より第三項までは誤りで非難・攻撃の効用がないだ

けでなく全く排滅し、自分の夏期・冬期の利害説は益々確立したことが分かるであろう。そしてこの後井上氏の非難・攻撃の第四項について弁明するとして第一から第六までを掲げ、次いで第五項の弁明の始めにおいて井上氏の人柄に触れ、そして第一、第二、第三、第四において井上氏の塩業に関する知識の深さを引き合いに出して自らの論を展開させている。生本の弁明はここで終わり読者の判定を請うている。

この弁明には、生本の知識、思考、論理性が非常によく窺える。

井上甚太郎氏ノ弁駁ニ対スル弁明

十州塩田組合本部長　生本伝九郎

井上氏ハ予ガ塩業利害説明ヲ以テ事実ニ齟齬セシモノトシ去ル二月中諸新聞ニ投書シテ予ガ説ヲ駁撃セリ、予之ヲ一読シテ疑訝ニ堪ヘザルモノアリ、恐ラクハ其実必ス同氏ノ説ニアラザルベシ、何トナレバ其弁駁スル所ヲ見ルニ同氏カ平素ノ持論ト前後相撞着シ旨意モ亦タ混淆シテ事理ノ貫通セザルモノ多シ、夫レ同氏ハ常ニ塩業老煉家ヲ以テ自カラ任スル人ナレハ予ハ如此事実ト事理ニ誤謬アル事ナキヲ信スレバナリ、然レトモ聞ク所ニ依レハ同氏カ親カラ記述セシモノナリト果シテ然ル乎、即チ同氏ハ之ヲ以テ予カ説明ヲ駁撃セリトスルモ若シココニ人アリテ予カ説明書ト対照比較シ以テ其当否ヲ探究セハ此ノ業ニ実験ナキ人ト雖モ同氏ノ弁駁ハ一モ事理ノ貫通スルモノナク却テ予ガ説明ノ確実ニシテ動スベカラサル道理ノ存スルヲ容易ニ看得ラルベシ、故ニ予ハ今其弁駁ニ対シテ之ヲ弁明スルハ其効用薄キニ似タリ、然レトモ利害ニ関係ナキノ人偶然一読ニ付シ去リ雙方ノ説ヲ精思翫味セザレハ或ハ所謂先入主トナリ一時同氏ノ説ニ雷同饗応スルモノナキヲ保シ難シ、況ンヤ社会ニ塩業者ハ少数ニシテ消費者ハ夥多ナルニ於テヲヤ、是レ予ガ弁明ノ已ムヘカラザル所以ナリ

抑塩業上夏期ト冬期ノ区別則チ三八法ノ利害ハ客歳以来社会ノ一問題トナリ江湖ノ注目スル所タルヲ以テ今日此真理ヲ説明スルハ正ニ是レ時機ノ会ニ当レリ、而シテ又予ガ職務上怠ルベカラザルモノナリ、蓋此一編ノ弁明ハ井上氏ノ駁撃ニ起因スルヲ以テ勢ヒ同氏ノ説ヲ排滅セシムルニ至ルモ亦タ止ムヲ得サル所ナリ、然レトモ予ガ精神ハ毫モ井上氏其人ヲ攻撃スル目的ニ非ス、畢竟是レ塩業上三八法ノ真理ヲ社会ニ知ラシメント欲スルニ在ルナリ、井上氏幸ニ之ヲ恕セヨ、之ヲ要スルニ予カ弁明ガ同氏ノ説ヲ排滅スルニアラズ天地自然ノ道理ト塩業上ノ事実カ之ヲ排滅セシメタリト了セラレン事ヲ冀望ス、又敢テ江湖諸彦ニ訴フ、井上氏ノ説ト予カ弁明トヲ対照比較シ其事実ト道理ハ何レニ存スル乎ヲ探究甄別

シ以テ十州多数塩民無辜ノ謗リヲ免レシメン事ヲ
抑予ガ説明ノ基本ハ第一項ニアリ、其主要ハ寒暑二期ノ大別ニ依リ三八法ハ塩業者ニ有益ナリト云ヘル事ト地場休養ノ有効ト云ヘル事ノ二基本ニ起因ス、故ニ此二基本ニシテ確乎不抜ナレバ以下第二項第三項ハ此基本ニ由来セル経済原則ノ作用ニシテ已ニ社会ニ定マリタル通理ナレハ多弁ヲ費スヲ要セス、第四項ハ政府特達ノ解訳ニシテ同氏ト争フノ無益ナルヲ知ルナリ、況ンヤ予カ茲ニ基本ノ塩業上ニ於テ確乎動カサルノ道理アル上ハ政府ハ政府ノ職務トシテ之ヲ保護セラルベキハ勿論ナレハナリ、何トナレバ十州多数塩民ハ均シク国民タル義務ヲ尽シ未タ嘗テ他ノ一般人民ト均シク保護ヲ受ルノ権理ヲ失フ事ナケレバナリ
扨テ井上氏ハ予カ説明第一項中ニ就キ五項目ヲ掲テ之ヲ駁撃セリ、予今同氏ノ五項目ニ依リ第一項ヨリ第三項迄ヲ弁明シ而シテ后チ第四項第五項ニ及フベシ

第一項ノ要点

余カ説明ニ夏期ニハ一日ニ鹹水三石ヲ得ルモノナレハ云々ト記述シタルヲ井上氏ハ事実ニ齟齬セルモノトシ喋々之ヲ弁駁セラレタリ、其証徴スベキモノ左ノ如シ
同氏ノ説ニ塩田五拾六坪ノ地場ニシテ之ニ備フル沼井壱台ニ就キ一日持収鹹水ハ弐石ヲ

以テ最上トスト

第二項ノ要点

余カ説明ニ冬期ニハ其七歩（前項三石ノ七歩ナリ）則弐石壱斗ノ割合ヲ得ルト記述シタルヲ井上氏ハ事実ニ齟齬セリトシテ駁撃セル文中ニ就キ証徴スヘキモノハ左ノ如シ

同氏ノ説ニ夏期ニテモ最上弐石ナルニ何ゾ冬期ニ其七歩弐石壱斗ヲ得ルノ理アラント、又讃州ニアリテ冬期三ケ月平均収鹹ヲ挙レハ収鹹ハ五日ヲ要ス、故ニ夏期鹹水ニ比シテ七歩許ノ少量ニ止マラスト、又鹹水壱石ニ塩分四斗三升強ヲ含有シ夏期ニ比例シ九歩ノ割合ナリト

第三項ノ要点

余カ説明ニ石炭ニ至テハ夏期五斗ノ塩ヲ製スルヨリ冬期三斗五升ヲ製スルニ多量ヲ費サヽルヲ得ス、之レヲ製収ノ塩量ニ比例スレハ冬期ノ鹹水ニ石炭ノ多量ヲ費ス事殆ンド夏期ノ一倍ニ及フト説明セシヲ井上氏ハ事実ニ齟齬セリトシテ駁撃セシ、其文中ニ就キ証徴スヘキモノハ左ノ如シ

同氏ノ説ニ気候ハ収鹹ノ多少ト塩分ノ厚薄トニ関係アルハ固ヨリナルモ一倍ノ多キニ至ラス、十ト九トノ比例ニテ一歩ヲ増加スト

以上三項井上氏ノ弁駁第一項第二項第三項ニ依リ証徴スルニ予カ説明第一項中ニ夏期冬期採塩量ノ実例七七ト云ヘル塩業者ノ通語ヲ示シ而シテ読者ニ其実例ノ算法ヲ知ラシムル為メニ挙ケタル夏期ニ三石ノ鹹水ヲ得ルモノナレハ冬期ニハ其七歩弐石壱斗トナリ、而シテ夏期ノ鹹水壱石ニ塩分五斗ヲ含有スルモノナレバ冬期ニハ又其七歩即チ三斗五升ヲ含有スルノ算法ナル事ノ例ヲ挙ケテ説明シタルヲ井上氏ハ直チニ沼井一台二穴ニテ得ル鹹水実量也ト速了誤解セシヨリ総テ惑ヒヲ生シタルモノナルヘシ、塩業利害ニ関係ナキ人ニシテ予ガ説明ヲ一瞥読過シ熟慮ヲ要セサルモノハ或ハ如此ク誤解スルモ深ク咎ムルニ足ラサレトモ井上氏ニシテ此誤解アルハ予ガ不可思議トシテ同氏ノ説ニ非ザルベシト疑フタル第一義ナリ、如何トナレハ同氏ニシテ七七ノ比例ナル日数労力ヲ等ウスレバ冬期ノ採塩ハ夏期ニ比較シテ半ハナル事ヲ知ラザル事アルベカラズ、苟モ之レヲ知ルモノニシテ予ガ七七ノ実例ヲ挙テ其算法ニ示シタル三石ト云ヒ弐石壱斗ト云ヒタルヲ（千石ト云フモ百石ト云モ一石ト云フモ則チ実例ノ七七則チ夏期ノ半ハト云フ割合ヲ示スニ害ナキモノナリ）直チニ沼井壱台ノ採鹹実量ト誤解スルカ如キ事ハアルベカラズ、況ヤ予カ説明ニハ労力等シクシテ得ル所半ハトスト決算ヲ迄テ記述シタレハナリ、同氏ハ該弁駁ヲ以テ予カ説明ヲ駁撃シタルモノヽ如シト云ヘトモ凡ソ虚ハ実ニ勝ツ事アタハズ、同氏ハ恰モ予ガ説明ニ対シテ一撃ヲ試ミント欲シテ適マ以テ自ラ敗亡ヲ来シタルモノト云フベシ、此ニ至テ予ハ同氏ト私交上ニ於テハ深ク歎息スル所ナリ、然レトモ却テ予カ塩業ノ利害ヲ公衆ニ説明スルニハ実ニ好機械〔会〕ヲ与エラレタルモノニシテ同氏ノ駁撃ヲ受クル毎ニ予カ説明ハ倍々堅固トナリ信用ヲ社会ニ得ルニ至ル、是レ同氏ニ謝セザルベカラザルナリ

抑予ハ曾テ十州各支部ニ就キ其支部相当ノ塩田ニ於テ夏期最上気節ノ採鹹水量及塩分含有ノ量並ニ冬期最下気節ノ採鹹水量及塩分含有ノ量ヲ調査セシメタリ、左ニ其表ヲ掲ゲテ以テ証明スベシ

地名並ニ人名		夏期ノ最上気節		冬期ノ最下期節		夏期ニ比シ冬期ノ減差	
地方名	実験並ニ報道人名	沼井壱台採鹹水量	鹹水一石ニ付塩分含有量	沼井一台ノ採鹹水量	鹹水一石ノ塩分含有量	夏期ニ比シ冬期鹹水鹹差歩合	同塩分含有減差
讃州坂出浜則チ西讃支部内	三井　茂逸	弐石壱斗	四斗七升二合五勺	八斗七升五合	三斗五升	四歩一厘六毛強	七歩四厘〇強
伊予国伊予支部内	福岡　林之助	二石弐斗	五斗弐升	九斗弐升	三斗五升七合	四歩一厘八毛強	六歩八厘六毛強

安芸国 芸備支部内	豊田維徳 水野勝之助	弐石	四斗五升	八斗弐升	三斗二升	四歩壱厘	七歩一厘一毛強
備前国児島郡 両備支部内	三宅大五郎	弐石	三斗七升八合七勺	壱石	三斗三合	五歩	八歩
播磨国赤穂郡 赤穂支部内	中田八十八 芝原政太郎 山本大助	弐石	四斗七升	壱石弐斗一升弐合	二斗三升	六歩〇六毛	四分九厘弱
阿波国那賀郡 阿波支部内	原梅吉	弐石四斗	四斗一升七合	一石六斗	三斗七合	六歩六厘六毛	七歩二厘六毛強
周防国三田尻 防長支部内	貞永知介	二石一升	四斗五升	一石二斗	三斗	五歩七厘一毛強	六歩八厘
計		拾四石八斗	三石一斗五升八合二勺	七石六斗二升七合	二石一斗六升七合	三五八八	四八三三
平均		二石一斗一升四合二勺五才	四斗五升一合二勺	一石〇八升九合五勺七才強	三斗〇九合五勺七才	五歩一厘五毛五	六歩八厘六毛

夫此表平均ノ項ニ依リ夏冬採鹹水ノ歩合及含有塩分ノ歩合ヲ見ヨ、冬期ノ鹹水ハ夏期ノ五

歩壱厘五毛五ニ位シ其含有塩分ハ六歩八厘六毛ニ位ス、則チ七七ヨリ遙ニ下テ五強七弱ニアリ（採収塩ハ半数ヲ下テ夏期ノ三歩六厘三毛五強トナルナリ）、是レ固ヨリ夏期最上気節ト冬期最下季節ノ比例ナリ、若夫レ両期ノ最上最下ト云ハス雙方ノ平均気節ニ依ル時ハ則チ予カ説明ノ如ク七歩ノ七歩ニ位シ採収塩額ハ半数トナルナリ、以テ予カ説ノ確乎動カスヘカラザルヲ知ルベシ

又同氏ハ冬期ノ鹹水ヲ煎蒸スルニ夏期ノ鹹水ニ比シ石炭ノ消費十ト九ノ割合ナリト明言セリ、抑石炭消費ノ多少ハ鹹水ノ濃薄ニ由ルモノナレバ同氏カ冬期ノ鹹水ニ含有スル塩分ヲ夏期ノ九歩ナリト誤認シタルニ因ルモ既ニ予カ七歩ノ七歩ト云ヘル事ヲ前表ニ証明シタル以上ハ自カラ其惑モ消散シタルナルベシ、蓋シ実際ニ就キ変化ヲ求ムルニ於テハ譬ハ七歩ノ鹹水ヲ六歩ニ止レハ塩分ノ含有ハ七歩五厘トナリ（数理ニ依レバ七歩七厘トナルヘキモノ七歩五厘トナルハ培砂ノ塩分ヲ全ク分離スル能ハサル為ナリ）鹹水ヲ五分ニ止ムル時ハ塩分ハ八歩弱トナリ四分ニ止ムレハ九歩弱トナルノ道理アリテ実際ニ於テモ亦多少ノ変化ハ採用スル事アリ、然レトモ鹹水ヲ五歩ニシテ塩分ノ含有ヲ八歩以上トスルノ事実アル事ナシ、蓋シ成シ得ヘカラザルニ非ス、此度ヲ進ムニ従テ培砂ニ塩分残留シ従テ採塩額ヲ減シ営業上却テ不利益ヲ来セハナリ、則七歩ノ七歩ヲ以テ適度トスル所以ナリ、試ニ右ノ如

ク鹹水ヲ五分ニシ塩分八歩ヲ含有セシムトスレハ石炭ノ消費ハ其割合ニ減少スルモ労力ニ対シ採収塩額ヲ減スルカ故ニ損益利害ニ至テハ甲乙アル事ナシ、時トシテ石炭価格ノ高下ニ由リ些少ノ損益ヲ生スルニ過キスシテ畢竟予カ説明ノ七七ナル均シク労力ヲ費シテ得ル所半数ナル利害ニ帰着スルヲ知ルベシ

因ニ曰フ、井上氏ハ如此活動スル利害ノ帰着ヲ知ラザル人ニアラズ、而シテ此誤謬ニ出ツ、之レ予ガ同氏ノ弁駁ニアラザルベシト疑ヒヲ生シタル第二ナリ

井上氏ハ予ヲシテ三八法熱心家ノ為メニ迷信セシナラズヤト忠告セラレタリ、予ハ我カ説明書前編ニ既ニ明言セル如ク塩業ニハ実験ナキモノナリ、故ニ予ガ説明ハ十州中当業者ニ就キ博ク聞キテ其多説ノ中ヨリ信スベキ談話ト又同氏カ著シタル日本塩業改良始末等ヲ参酌シ之ヲ道理ニ照シテ以テ確実ナルモノヲ基本トシ以テ説キ明スモノナリ、故ニ予ハ決シテ一方ノ説ノミヲ迷信セザルナリ、予カ本意ハ此問題ヲシテ果シテ理ナルモノナラシムレバ社会ヲシテ一般ニ理ト確定セシメ若シ不条理ナレバ又一般ヲシテ不条理ト確定セシメ速カニ十州会ヲ解散スル事ヲ勧ムレハ足ルノ精神ノ外ナカリシナリ、然リ而シテ予ガ調査ハ夏期冬期ノ利害ト地場休養ノ事実ト経済ノ原理ニ適合スルト、此三者ノ存在スルヲ以テ果シテ三八法ハ理ニ於テ利ナル事ヲ確信シタルモノナリ、故ニ予ハ決シテ一方ノ説ヲ迷信ス

ルニアラズ、同氏ノ脳髄ヲ凝ラサレタル日本塩業改良始末ハ最モ予ヲシテ此三者ノ存在スル事ヲ確信セシメタル一ナリ、則チ同氏ノ実験ヲモ我説明ノ基本ニハ試ミニ照シアル事ハ左ノ一編ヲ以テ証明スルニ足ルベシ

夫予カ夏期冬期ノ利害ヲ証明スル基本ハ前ニ屡々述フルガ加ク均シク労力ヲ費シテ得ル所半数トスノ十五字ニアリ、則チ読者ヲシテ此半数ノ確実ヲ了解シ易カラシメンカ為メ七七ト云ヘル語ヲ引証セシナリ、而シテ其半数ナル事ハ井上氏モ不同意アルベカラズ、半数ニ不同意ナキニ於テハ予カ説明ノ第一項夏期ト冬期ノ利害ニモ従テ不同意ナキ筈ナリ、果シテ然ラバ予カ説明ヲ以テ事実ニ齟齬セリト云フノ道理ナキモノナリ、然ルニ同氏ハ事実ニ齟齬セリト断言シテ喋々駁撃スルヲ見レハ予カ基本トナス十五字ヲ実際ニ齟齬セリト云フ者ト認定セザルヲ得ス、果シテ然ルトキハ之レ同氏カ弁論ハ前後矛盾自家撞着ト謂ハサルヲ得サル所以ナリ、何ントナレバ同氏ハ其脳髄ヲ凝シテ以テ堂々社会ニ頒布シタル日本塩業改良ノ始末四十四葉ヨリ五十四葉迄ニ一ケ年間四期ノ中月ヲ以テ産塩其他ノ計算ヲ掲ケタリ、其壱町五反歩ノ塩田壱軒前一回ノ産塩ヲ挙クレバ

二月ハ一回ノ収塩三拾五石三斗六升五合五勺

十一月ハ一回三拾五石三斗五升五合五勺

五月ハ一回五拾五石七斗三升五合五勺

八月ハ一回四拾六石八斗七升二合トアリ

此産額ニ依リ二月ト十一月ヲ以テ冬六ケ月ノ平均収塩トシ五月ト八月ヲ以テ夏六ケ月間ノ平均採塩トスレハ冬六ケ月ノ一回ハ三拾五石三斗六升五勺トナリ夏六ケ月ノ一回ハ五拾一石三斗三合七勺五才トナル、則チ夏期六ケ月一回ノ収塩ニ対シ冬期六ケ月一回ノ収塩ハ六歩八厘（実際ハ半ハトナリ六歩八厘ニ至ル事ナシト雖モ玆ニ暫ク氏ノ説ニ依ル）ノ割合トナル、而シテ此夏期六ケ月ノ採塩ハ三日持営業ヲ以テ得ルノ数量ナリ、冬期ノ一回ハ五日持営業ヲ以テ得ルノ数量ナリ、則日数二日間ヲ増加シ労力モ之レニ従テ増加スルナリ、則チ此日数労力ヲ増加スルカ故ニ半数ヲ超テ六歩八厘強ヲ得ルモノナリ、然ハ則チ予カ説明ノ如ク日数労力ヲ比シテ得ル所半数ナリトスル、説明ノ基本ハ確乎動カスベカラサル事同氏ノ実験ヲ以テモ弁解証明スベキナリ、則チ井上氏モ予カ説ノ労力ヲ等フシテ得ル所半数ト云ヘル基本ハ決シテ実際ニ齟齬セルモノトハ言ヒ得ザル証跡ニシテ不同意アルヘカラストスル所以ナリ、又実際動カスベカラザルモノナレバナリ

因ニ云予カ説ト雖トモ営業上ノ利益ハ旧暦三月ヨリ八月迄六ケ月ヲ限リ其期日ヲ踰ユレハ一日モ利益ナシト云フニハ非ス、其適度ハ五ケ月ナル歟七ケ月ナル歟六ケ月ニ在ル歟

些少緩急ノ点ニ於テハ遺利ナキヲ保スベカラス、況ンヤ当時組合ノ経歴ニ於テ遺利アルノ場合ナルニ於テヲヤ（予カ利害説明ノ後編ニ就テ見ルベシ）然レトモ之纔カニ三八法実行ニ拠リ暫時ノ状勢ノミ寒暑二気ニ大別シテ利害ノ存スル事ハ海水ニ依リ採塩業ヲ営ムニ於テ四期寒暖ノ別ナキニ至ラサル限リハ消滅セザルナリ

以上ノ弁明ヲ以テ井上君ノ弁駁第一項ヨリ第三項迄ハ誤謬ニ出テ駁撃ノ効用ナキノミナラズ全ク排滅シ予カ夏期冬期ノ利害説ハ依然トシテ倍々確立セル事ヲ知ルベシ

予ハ是ヨリ井上氏ノ駁撃第四項ヲ弁明スヘシ

予カ利害説明第一項中ニ（以上ノ説明ヲ以テ春三月ヨリ八月ニ至ル六ケ月営業即チ三八法ハ適当ニシテ生産費ヲ減シ塩業者ニ有益ナル事ヲ確定スルニ足ル）ト前論ヲ総テ包括シテ記述シタル五十七字ヲ井上氏ハ其駁説第四項ニ（三八法ハ周年ノ営業ニ優ルノ利益アル）ノ十七字ニ約メタリ、蓋シ字義ト意味トハ少シク区別アレトモ予ガ不日発スル利害説明ニ依テ自カラ明晰スレバ爰ニ詳明ノ必要ナキヲ以テ之レヲ略ス、先ツ左ニ同氏ガ文中ノ証徴スベキモノヲ掲ケ従テ同氏カ説ノ誤謬ト自家撞着ノ説ナル事ヲ弁明スベシ

第一　井上氏曰、讃州地方ハ培砂ヲ多量ニ施スニ依リ終年業ヲ為スモ三八法ヲ実行スル塩田ニ比較シ毫モ収鹹ノ量ヲ減ゼズト

予之ニ答テ云ハン曰、培砂ノ多少ニ於テ収鹹ノ増減スルハ培砂多少ノ効用ノミ、寒暑ニ依テ収鹹ノ増減スルハ寒暑則チ大陽光線ノ効用ナリ、則チ大陽光線ノ効用ニ依リ培砂ヲシテ其一部ノ効用アラシムルモノナレバ寒暑二期ノ区別タル三八法ノ利害ニ毫モ関係スルモノニアラズ、井上氏ハ培砂ト大陽光線ノ効用ヲ混同一視ス、豈誤謬ノ太甚シキモノナラズヤ、況ンヤ培砂ノ量ハ他各州ト同一ナルニオイテヲヤ

第二　井上氏ハ讃州潟本浜(元)ハ毫モ培砂ヲ施サヽルモ決シテ収鹹ヲ減セスト

予曰、抑モ毫モ培砂ヲ施サヽルモ収鹹ヲ減ゼズトハ更ニ物理ヲ考究セズト断言スルノ外ナシ、且夫レ同氏ハ現ニ此第一ニ於テ讃州地方ハ培砂ヲ多量ニ施スニ依リ云々ト明言シナカラ又直チニ毫モ培砂ヲ施サヽルモ収鹹ヲ減ゼズトハ自家撞着ノ甚シキニアラズヤ

第三　井上氏ハ同一ノ塩田ニ同一ノ施行ヲナシ而シテ春三月ヨリ八月迄ノ間両者ヲ比較スル時ハ三八法ノ方幾分歟収鹹多シト云ヘリ

予之レニ答テ云、井上氏ハ漸ク爰ニ至テ少シク本意ニ復シタル歟、蓋シ三八法ノ利害ヲ悟ル機会ニ進ミタルモノヽ如シ、然レトモ幾分歟多シト云フテ其量ヲ知ラス必ズ終ニ予カ説明ノ点ニ帰着スベシ

第四　井上氏ハ地力ノ培養ヲ怠ラザレハ周年営業ニ大ニ利アリト云ヘリ

予之ニ答テ云、之レ第一ト同シク事物ノ区別ヲ為サヾルノ誤リニシテ地力ノ培養ハ素ヨリ予モ主張スル所ナリ、然レトモ人為ノ培養ハ適当ノ季節ニ於テ多量収鹹収塩ノ効ヲ有シ則チ自然ノ化育ヲ補フモノナリ、同氏ハ人為ノ培養ヲ以テ四期ノ区別ナキニ至ルト思惟スルモノヽ如シ、是レ其人為ノ培養ハ大陽光線ノ作用ニ依リ其一部分ノ効用ヲ現ハスモノタルヲ知ラザル誤謬ナラン

第五　予カ寒暖計ノ昇降ハ塩業ノ損益ヲ示スモノナリト説明セシヲ同氏ハ之ヲ謂ハレナシト云ヒナカラ続テ曰、製塩業ハ勿論温度ニ依リ適否ヲ異ニス云々ト

予ハ之レニ答テ曰ン、夫レ如此寒暖計ノ昇降ヲ利害ニ関係ナシト云ヒナカラ温度ニ依リ適否ヲ異ニストハ何ゾヤ、寒暖計ハ温度ニ依テ昇降スルモノニ非ストスル歟茲ニ至リ自家撞着ノ甚シキモノナリト云ハザルヲ得ス、如此キハ仮令ハ天ハ高シ地ハ卑シト云シヲ否ラストナシテ上下ナリト云ヒシガ如シ、無理ニ同実ニ異説ヲ試ムルモノニシテ弁明ヲ要セザルナリ

第六　井上氏ハ製塩業ハ勿論温度ニ依リ適否ヲ異ニスト雖トモ唯一小部分ノミ温度ノ外第一ニ空気中ニ含ム水分ノ分量第二雨量第三雲量第四風ノ速力第五陰晴ノ五ツ皆塩業ニ大関係アリト

予ハ之レニ答テ云ハン、氏カ所謂温度トハ大陽光線ノ熱度ナルベシ、抑大陽ノ熱度ヲ唯一小部分ノミトスルハ実ニ実物ノ大小ヲ顚倒スル之レヨリ甚シキハナカルベシ、何トナレハ同氏カ云五気則チ陰晴、雨量、雲量、皆大陽光線ニ障碍アルガ故ニ塩業上ニ多少ノ害ヲ及ボスモノナリ、然ハ光線則チ大陽ノ熱ハ一大基本タル確証ニアラスヤ、同氏ハ大陽ノ熱度ヲ一小部分トシテ却テ其大基本タル明証ヲ掲ケタルモノナリ、独リ風ハ塩業上ニ対シ多少固有ノ作用ナシトセス、然レトモ之レ則チ一小部分ノミ、蓋シ井上氏ハ常ニ讃州地方ハ風位ニヨリ空気中ノ水量少ナシ、故ヲ以テ冬業主張ノ基本トシ農商務省御雇コルセルドノ報告ヲ以テ金城鉄壁ト為ス、予請フ其誤謬ヲ正シ以テ同氏ガ説ノ事実ナラサル事ヲ糺サン

今夫コルセルドノ報告抜萃文ニ依リ同氏ガ基本トスル気中ノ水量ト風トニ証徴スベキ主要ヲ掲クレバ左ノ如シ

曰、四国ノ北岸ハ空気南方大洋ヨリ吹来テ山脈ヲ経森林ニ触レ以テ乾燥スルガ故ニ気中ノ水分少量ナリト）已ニ此報告ニシテ事実ニ適セザルモ爰ニ之レヲ論セス、仮ニ之レヲ事実ナリトスルモ之レヲ以テ井上氏ガ冬期塩業ノ利害ニ引証スルハ甚シキ誤謬ト云フベシ、何ントナレバ南方大洋ヨリ吹キ来ル風ハ独リ夏期ニアリテ冬期ニアル事稀也、夫夏

期ノ風位ヲ以テ之ヲ冬期ニ利用セント欲スルハ牽強附会モ亦甚シト謂フベシ

因ニ云フ、抑風位ノ如何ニ拘ラス風力ハ塩業上ニ対シ一部分ノ便益アリ、然レトモ其効力ハ只地上ノ水分ヲ飛散セシムニ止ルノミ

夫大陽光線ノ如キハ能ク水分ヲ蒸発乾燥セシムル事風力ノ比スヘキニアラス、且地盤以下ノ塩分ヲ吸引スルノ大効力ハ独リ光線ノ外アルモノナシ、以テ効力ノ多少ト作用ニ大区別アル事ヲ知ルベシ、井上氏ハ此作用ヲ混同スルモノヽ如シ、豈誤謬ノ甚タシキニアラズヤ

右ノ如ク井上氏ハ予カ三八法ハ塩業者ニ有益ナリノ説明ヲ駁撃セント欲シ前ニ記スルカ如ク甲乙丙丁交々相矛盾ノ説ヲ為シ而シテ自カラ知ラザルカ如シ、予ト雖モ亦之レガ主要ヲ見出ニ苦メリ、且其牽強スルモ附会セザルコルセルドノ報告ヲ抜萃シ以テ己レノ基本ヲ維持セント欲スルモ理ト事実トニ於テ一モ貫通スルモノナクシテ消滅ス、之レ予カ先ニ同氏ノ説ニアラザルベシト疑フタル第三ナリ

第五項

予ハ之レヨリ井上氏カ地場休養ノ事実ナシト喋々弁論セル惑ヲ破リ同氏ヲシテ其事実ヲ覚悟セシメント欲ス、曾テ聞ク同氏ハ其性実ニ淡泊ナリト、予ハ果シテ其然ルヲ信ス、何ン

トナレバ同氏ハ事物ニ熱心ナルニモ拘ラス其自カラ悟ラサル処ハ凡テ淡泊ニシテ無ノ一字ニ帰スルカ如ク予ヲシテ感アラシムレバナリ

予敢テ冀望ス、井上氏少シク推考熟慮セラル、トキハ地場休養ノ理ヲ知ラルヘキヲ信ス、夫レ氏ハ既ニ其真理ヲ知ル境域ニアレバ今一歩ヲ進ムレハ瞭然タラントス、何ヲ以テ其理ヲ知ル境域ニアリト云フ乎、予請フ左ニ之ヲ証明セン

第一　同氏ハ塩田ニハ地質ノ適否ヲ撰ムノ必要ヲ知ル人ナリ

如何トナレバ同氏ハ日本塩業改良始末第四十五ページノ六行ノ二十三文字ヲ下リタル次ニ明記セルモノヲ抜萃スレハ左ノ如シ

抑塩田ノ地質其善悪ハ固ヨリ収鹹ノ多少ニ関係スルハ言ヲ俟タズ」之レ即チ氏ハ地質ノ適否ヲ撰ム必要ヲ知ル人ナリト断定スル所以ナリ

第二　地力培養ノ必要ヲ知ル人ナリ

如何トナレバ氏ハ地力培養ノ事ハ氏ノ日本塩業改良始末及其他屢々明記スル処ナリ、現ニ予ノ説明ヲ駁シタル第四項中ニ同氏ガ明記セルモノヲ抜萃スレバ左ノ如シ

前略曰讃岐ノ如ク気候其宜シキヲ得且地力ヲ培養スルニ怠ラズ云々ト明記セリ

之レ即チ同氏ハ地力培養ノ効能ヲ知ル人ナリト断定スル所以ナリ

第三　採塩ハ散布スル海水ヨリモ地盤ノ下層ヨリ吸引スル塩分ノ甚タ多量ナル事ヲ知ル人ナリ

如何ナレバ氏ハ現ニ予カ説明ヲ駁撃セル第五項ニ左ノ如ク明記セリ

前ヲ略ス曰ク地場ヲシテ其下層ヨリ塩水ヲ吸収セシムルコト其幾度ナルヲ知ラス云々又同氏ノ日本塩業改良ノ始末第四十五ページ九行ノ二十文字ヲ下リタル次ニ明記セルモノヲ抜萃スレバ左ノ如シ

　曰塩田即チ地盤ヨリモ亦多量ノ塩分ヲ吸収セシムルナリ此吸収ハ散注セシ海潮ヨリ吸収スルノ量ニ比シテ甚タ多ナルヲ常トス其故ハ散注ノ海潮ニ含蓄セシ塩分ノ量ニ比シテ甚タ多ケレハナリ

是レ即チ氏ハ地盤ノ下層ヨリ吸引スル塩分ノ甚タ多量ナル事ヲ知ル人ナリト断定スル所以ナリ

第四　同一ノ塩田ニ同一ノ方法ヲ施行シテ之ヲ比例スル時ハ春三月ヨリ八月迄六ケ月営業シ九月ヨリ二月迄六ケ月休養スル三八法ノ方ニ収鹹ノ多量ナル事ヲ知ル人ナリ

如何トナレハ氏ハ現ニ予カ説明ヲ駁撃セル第四項ノ文中ニ明記セルモノヲ抜萃スレバ左ノ加シ

前ヲ略ス曰同一ノ塩田ニシテ同一ノ培砂ヲ施シ同一ノ修繕ヲ為シ而シテ三月ヨリ八月
迄ノ時間ニ於テ両者相比ブルトキハ三八ノ方幾分歟収鹹ノ多量ヲ得ベシ云々

是レ則チ同氏ハ三八法ノ方ニ収鹹多量ナルヲ知ル人ナリト断定スル所以ナリ（右第四目ノ如ク同氏ハ第一ニ地質良否ノ関係ヲ知リ第二ニ地力培養ノ必要ヲ知ル第三ニ地盤ノ下層ヨリ吸引スル塩分ノ多量ヲ知リ而シテ第四ニ三八法ノ方収塩ノ多量ナル事ヲ知レリ）然ハ則チ三八法ノ効能ヲ知ル人ニシテ只タ纔ニ地場休養ノ道理ヲ悟ラントシテ未タ瞭然タラサル者ト云ハサルヲ得ス、之レ予ガ同氏ハ実ニ淡泊ニシテ其自ラ悟ラサル所ハ無ノ一字ニ帰スル感アリト云ヘル所以ナリ、予請フ左ニ地場休養ノ事理ヲ記述スベシ

抑海水中ニ含有スル塩分ノ性タル寒期ニ応シテ塩田地盤ノ下層ニ吸引含蓄シ暑期ニ従テ地面ニ蒸騰湧発スルガ如シ、宛モ植物ノ寒中ニ地底ニ根帯ヲ養成伸張シ春夏ニ向テ幹枝ニ発育伸張スルニ似タリ、夫天然ノ海水ヲ汲ミ寒暑二期ニ分析シ以テ含有塩分量ヲ比較スルニ十ト七強ノ割合ニアリ、則チ冬期ニハ二強ヲ減スト云フ、又器物ニ海水ヲ盛リ之ヲ天然ノ蒸散ニ任セ其状ヲ見ルニ夏期ニハ其海水ノ上部ヨリ結晶状ヲ現シ冬期ニハ自然水分蒸散シテ后チ器底ニ沈澱スルト云ヘリ、然ハ則チ冬期ニハ塩分地心ニ向テ吸引セラレ夏期ハ海水上部ニ湧発蒸登スルノ徴候証跡ナリ、故ニ冬期ニ従テ地盤ノ下層ニ塩分ヲ吸引含蓄シ暑期

ニ従テ地上面部ニ蒸騰湧発スル所以ニシテ之レ正シク地場休養ノ真理ナラン歟、蓋シ其原理ハ大陽ノ光線ト地球々心熱ノ作用ナラン、凡天地自然ノ妙用ニ係ルモノ四期寒暑ニ従テ変動セサルモノアラサルベシ、井上氏請フ之ヲ諒セラレン事ヲ

因ニ云フ人アリ曰、塩ヲ以テ動植物ニ比喩ス恐クハ全ク因縁ヲ異ニスルニアラスヤト、予曰凡海陸ノ動植物ニシテ海潮干満ノ妙用ニ関係ナキモノアル事ナシ、之レ予ハ海水ニ依リ採塩業ヲ営ムニ於テハ天地変動シテ四時ノ別ナキニ至ラサル限リハ寒暑ニ由来スル利害説ハ消滅セサルモノト為ス所以ナリ　（完）

右ニテ井上氏ノ弁駁ニ対スル予カ弁明ヲ終リタリ、左ニ其井上氏ノ記述ナル駁説ヲ謄録シテ読者ノ参照ニ備フ、読者請フ対照比較シ道理ト事実ハ何レニ存スル歟判定セラレン事ヲ又云フ井上氏ハ予カ説ヲ駁スルニ時事新報ト毎日新聞ノ二紙ニ投シ掲載セリ、而シテ予ハ此二紙ニ就キ見ルニ其意味ハ殆ント同一ナリ、然レトモ往々同実ニ二説ヲ有スルガ如キモノアリ、故ニ予ハ右時事新報ト毎日新聞ト雙方ニ就キ氏ガ駁撃ノ主要ヲ採リ以テ弁明セシナリ、故ニ氏ガ予ノ説明第一項ノ駁撃ニ係ルモノハ時事新報ヨリ謄録シ以下予ノ第二項三項四項ニ対スルモノハ毎日新聞ヨリ謄録セシモノナリ、読者請フ之レヲ諒セヨ

明治廿一年三月閣筆

十州塩田組合本部長　生本伝九郎誌
（『日本塩業大系　史料編　近・現代㈠』より）

八　明治十八年八月の「農商務省特達」の取り消しと十州塩田組合の消滅

生本本部長は、農商務省召集の兵庫県庁での諮問会後水産局長と会見し、翌日神戸クラブにおいて、十州塩田組合が混乱した要因を指摘し、結論として「今ヨリ断然政府ノ保護ヲ脱シ続テ東讃支部ヲ除却シ組合従来ノ組織ハ自ラ守ル」ことを提案した。

この提案に対しては「不同意ヲ唱フル人ナク悉ク同意」された。しかしながらこの答申は本部長の意見にとどまり、組合全体の意見とは言えないことから、組合全体の意見として答申するため、明治二十一年（一八八八）十二月十州塩田組合臨時会を召集し、「組合ハ政府特別ノ保護ヲ辞シ、組合ハ組合ニ於テ保守」することを決議し、「十八年農商務省特達ヲ廃棄セラレン事」を請願した。

このようにして、明治二十二年（一八八九）一月には明治十八年の特達は取り消され、十州塩田組合は本来有していた休浜同盟推進の母体としての本質を失い、明治二十三年（一八九〇）

五月の臨時会を最後に自然消滅することとなった。従ってはっきりとした解散宣言があった訳ではない。

第四節　生本伝九郎と小野友五郎

一　小野友五郎について

小野友五郎は黎明期の近代日本が必要とした逸材である。勝海舟や福沢諭吉らに比してあまり語られることはないが、和・洋算、天文、測量、地理、航海、造船、砲術、製塩など幕末・明治を科学技術の側面から支えた旧幕臣である。又オランダ語にも通じていた。

彼は文化十四年（一八一七）譜代八万石常陸笠間藩牧野氏の家臣の家に生まれた。若くして猛勉強に励み、江戸転勤後は幕府天文方へも出仕している。

長崎海軍伝習所では咸臨丸、朝陽丸を発注し、士官や兵の養成に努めた。彼と同期の一期生に勝麟太郎（勝海舟）が居る。

長崎海軍伝習所での友五郎について、佐賀藩の第一期聴講生として航海術を専攻した中牟田倉之助は、後に次のように回想している。

小野、福岡の二人は年もとっていたが和算の素養があったので、蘭《オランダ》教師の提出する問題を通辞が説明すると直ちにそれを会得して容易に解決するのが常であった。到底我らの企て及ばぬところと思ったと。

（『子爵中牟田倉之助伝』）

安政七年（一八六〇）幕府は遣米使節を派遣した。これの警衛と海軍伝習を試すために当てられたのが幕府所有の咸臨丸で、米国艦のジョン・M・ブルック海尉は友五郎の航海士としての技量と学識に感嘆している。米国行きの乗組員に教授方頭取勝麟太郎がいた。

万延元年（一八六〇）五月六日品川に帰港。友五郎の航海術が江戸中に広まり、家茂将軍に謁見の栄を得た。

その後幕府の命により小笠原群島実測図を作成している。

慶応三年（一八六七）既製軍艦の買いつけのため正使として米国へ再航した。明治海軍創設の中核となった甲鉄（後の東《あずま》）、富士山、千代田の三艦はこの時購入されたものである。

鳥羽伏見の戦の後、戦の罪を一身にかぶって伝馬町の牢内に入った。明治三年（一八七〇）一月海軍出仕の内命があったが、謹慎中ということで辞退している。

同年謹慎を解かれて民部省鉄道掛に出仕し、鉄道敷設の測量に従事したが、明治十年（一八七七）退官した。

珠算の復活、中央天文台の設置、漢字の制限による国民教育の振興、東海道線の建設等々政府へ多岐にわたる提案をしている。

明治の初めから明治三十一年（一八九八）の死に至るまでの約三十年間は、民間に在って製塩法の改良に取り組み、天日製食塩製造の実験で成果を上げて特許を得、その普及に尽くした。その活動ぶりは次に掲げる小野友五郎と生本伝九郎の往復書翰（広島県立文書館所蔵）から十分に感じとれる。

二　生本伝九郎、小野友五郎より天日製塩法を受ける

製塩法改良覚書（仮綴）

（朱書）「塩田会長生本伝九郎氏江渡」

天日製食塩

千葉県下上総国元大堀村海岸に製塩場を建築して引続き営業し、専ら食塩を改良して製造費用を減少せんと欲す、元来我国の食塩ハ舶来の如く品位善美ならずして価ひ易からず、其

塩田舎長　生半傳九郎氏ニ渡

天日製食塩

千葉縣下上総國元大堀村海岸に製塩場を建築して引續き營業し專ら食塩を改良して製造費用を減少せんと欲す元来我國の食塩は舶来の如く品位善美ならずして價ひ易からず其質善良ならざれば衛生の害尠なからざるべし且つ食塩は人生必需の品にして其精麁は人身生理に関し宜しく是を改良の効を奏せば特り人民の幸福而已ならず國家の公益尠なからざるべし製造消費の第一等に於る薪石炭の價格は逐年騰貴し在来の

製塩法改良覚書(仮綴)(1/8)

製塩の如きは多くの製造人夫を要し尋常にては到底改良の好結果を奏すべからざるを察し嚮に天日製食塩に注目し既に燃料を用ひず之を製造して明治十四年第二回國勸業博覧會に食塩数并天日製食塩を出品して左の褒状を給りたり

善ク良品ヲ製出ス他日器械整頓
價値其當ヲ得製額從テ大ナルニ至ハ
果シテ國ニ益アラン其用意頗ル
嘉スベシ

天日製食塩は利潤多くして其質の純良なるは識者の能く知る所なれ共我國は外國と氣候異り雨天多くして連日の勞力を皆無にせし事尠からざれば是に於て天日製食塩は我國に於て普通の洋法に模擬して施行すべからざるを悟り完全の製造法を研究せんと欲して困苦を忍び容易ならずして種々幾多の星霜を經て漸く近時に至て降雨の妨げを避けて完全の方法を得たり

此方法は新規有益の發明にして明治二十二年五月二十九日專賣特許を受けたり

製塩法改良覚書(仮綴)(2/8)

完全の製造法ハ薪石炭を用ひずして殊に多くの製造人夫
を省く而て製造せし食塩ハ所謂品位善美にして價ひ易
く其質純良にして衛生に害な[illegible]し加之全く焼滅なる燃料を
残存なき者にして漸次改良の効を奏せば全國人民の幸福
ハ勿論燃料の残存なき総数年々莫大の國益に至るべし
改良ハ成丈準備整頓して漸次に運ぶを好とし而て先つ食塩の
欲之を告る外國に輸出し或ハ真塩の改良を始めとして諸製造
に用に充てんと欲す

明治二十二年六月

東京府日本橋區本銀町壱丁目壱番地

發明人　小野友五郎述

製塩法改良覚書(仮綴)(3/8)

明治二十二年五月二十九日第六八一號

專賣特許十五年

食塩製造法

食塩製造法の概略

此方法ハ大陽熱を利用して海水を蒸發し塩液を得るに
當り降雨に遭ふも此塩液に雨水を混和せしめざるを專
要とす
塩液ハ重く雨水ハ軽くして假令塩液ハ薄液なるも雨水
より重し既に水中に溶解せる塩分ハ沈降て水底に
至らんとす此軽重の自然に従て塩液と雨水の混和を防ぐ
に砂又ハ小石を用ゆ其法先つ堅實にして角ある砂を撰み

製塩法改良覚書(仮綴)(4/8)

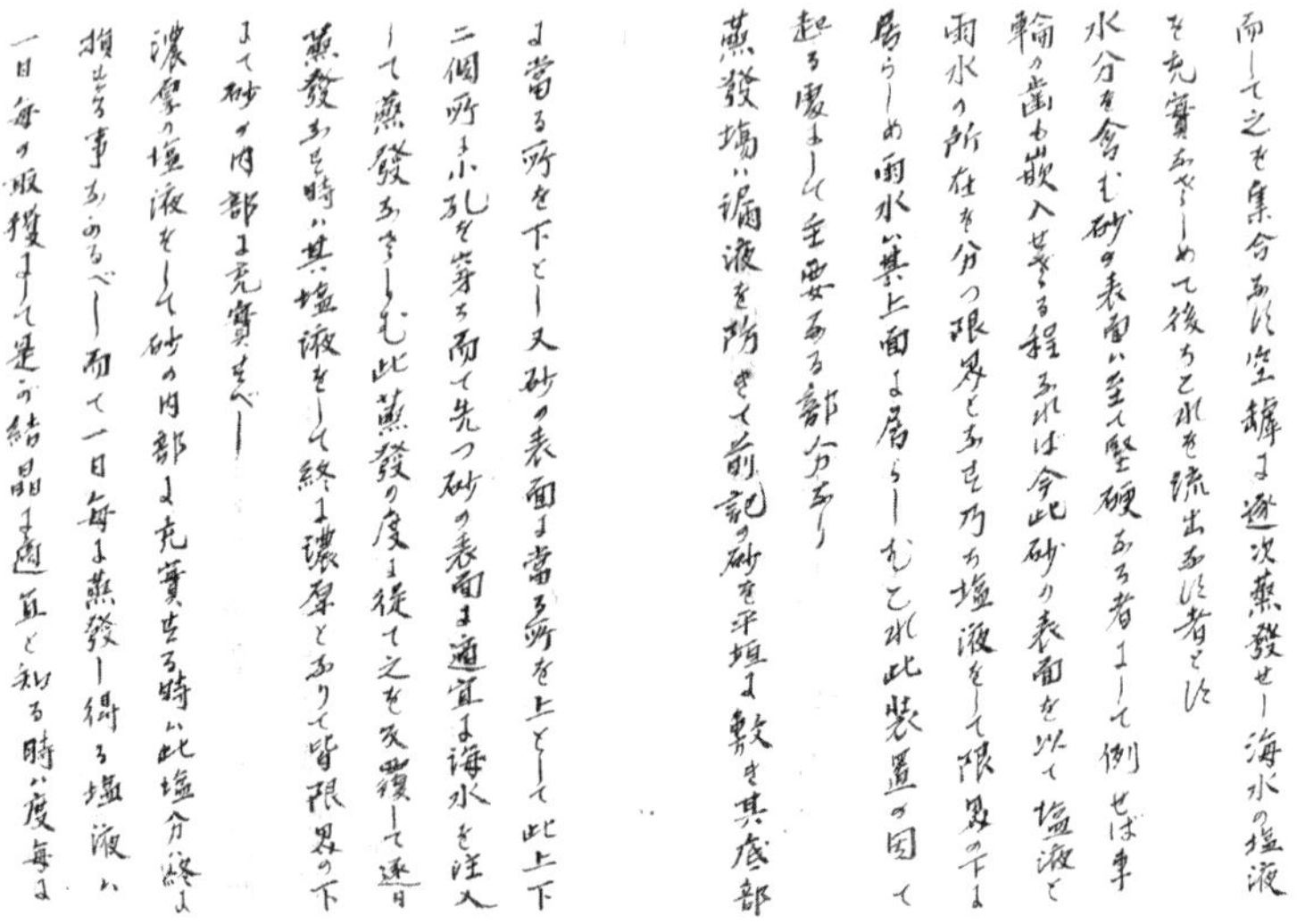
而して之を集合なし空罅に逐次蒸発せし海水の塩液
を充実ならしめて後ちこれを流出なし者とし
水分を含む砂の表面ハ至て堅硬なる者にして例せば車
輪の歯も嵌入せさる程なれは今此砂の表面を以て塩液と
雨水の所在を分つ限界となせハ乃ち塩液をして限界の下に
居らしめ雨水ハ其上面に居らしむこれ此装置の図て
起る処にして主要なる部分なり
蒸発場ハ漏液を防きて前記の砂を平坦に敷き其底部
に当る所を下とし又砂の表面に当る所を上として此上下
二個所に小孔を穿ち而て先つ砂の表面に適宜に海水を注入
して蒸発なさしむ此蒸発の度に従て之を反覆して逐日
蒸発なせし時ハ其塩液をして終に濃厚となりて皆限界の下
まて砂の内部に充実すべし
濃厚の塩液をして砂の内部に充実せる時ハ此塩分終に
損せる事なかるべし而て一日毎に蒸発し得る塩液ハ
一日毎の収穫にして是ハ結晶に適宜と知る時ハ度毎に

製塩法改良覚書(仮綴)(5/8)

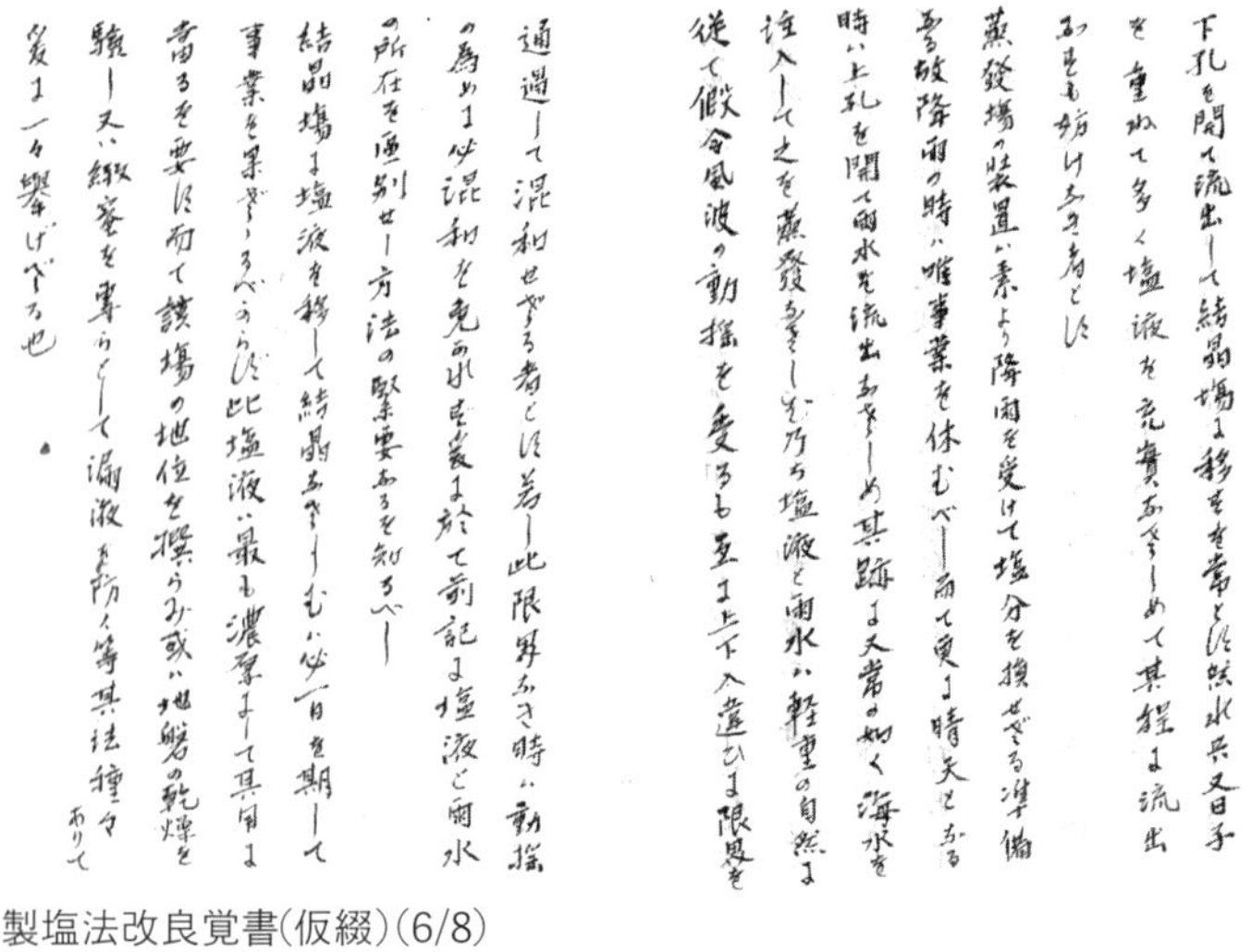
下孔を開て流出して結晶場に移すを常とし然れ共又日子
を重ねて多く塩液を充実ならしめて其程に流出
なすも妨けなき者とし
蒸発場の装置ハ素より降雨を受けて塩分を損せさる準備
なる故降雨の時ハ唯事業を休むべし而て更に晴天となる
時ハ上孔を開て雨水を流出ならしめ其跡に又常の如く海水を
注入して之を蒸発なさしむ乃ち塩液と雨水ハ軽重の自然に
従て仮令風波の動揺を受るも互に上下入違ひに限界を
通過して混和せさる者とし若し此限界なき時ハ動揺
の為めに必混和を免れ更に於て前記に塩液と雨水
の所在を區別せし方法の緊要なるを知るべし
結晶場に塩液を移して結晶なさしむハ必一日を期して
事業を果さゝるべからす此塩液ハ最も濃厚にして其日に
当るを要し而て該場の地位を撰ふ或ハ地盤の乾燥を
験し又ハ緻密を専らとして漏液を防く等其法種々ありて
爰に一々挙けざる也

製塩法改良覚書(仮綴)(6/8)

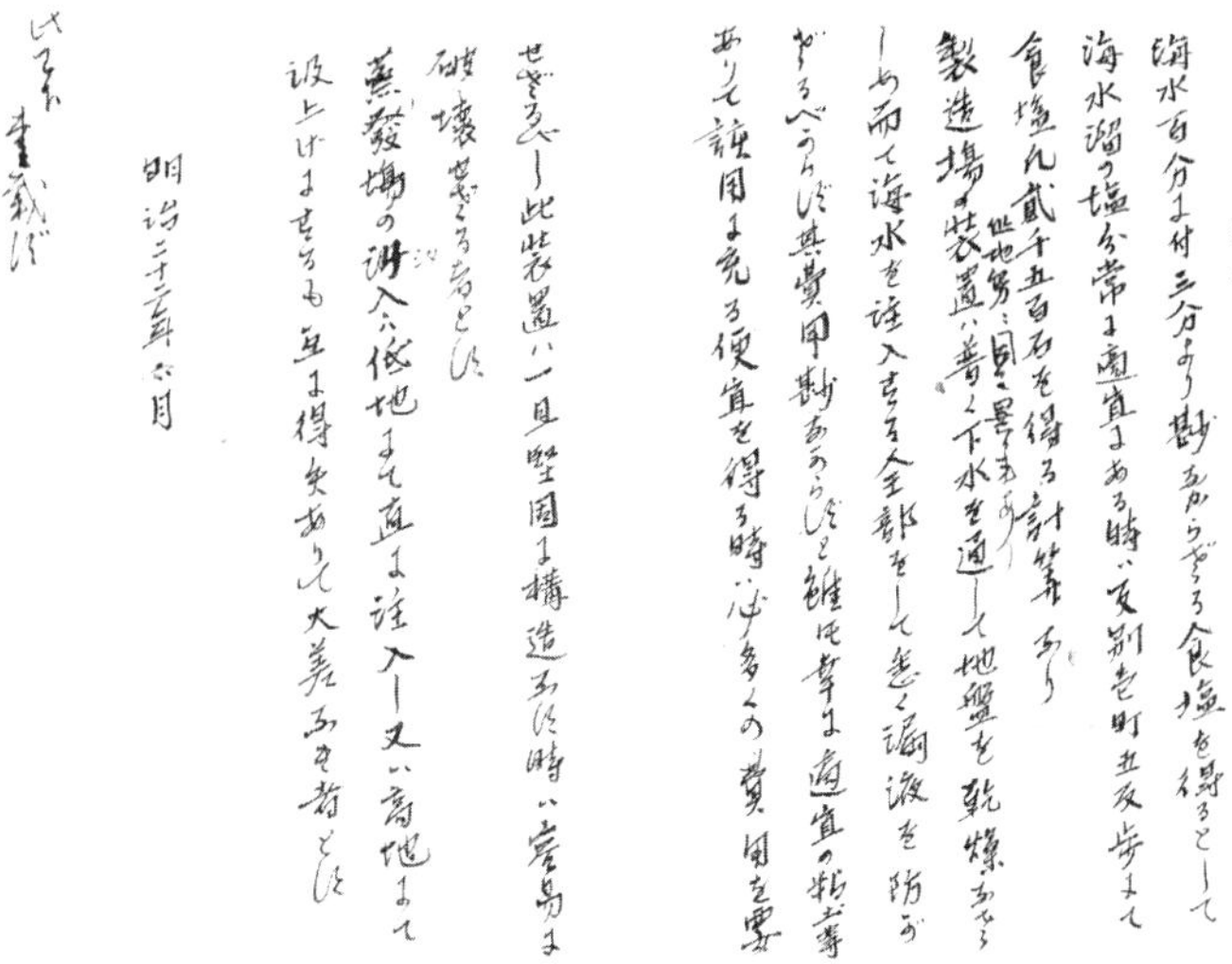
附言
海水百分ニ付三分より劣ならざる食塩を得るとして
海水溜の塩分常ニ適宜ニある時ハ反別壱町五反歩ニて
食塩凡貳千五百石を得る計算なり
製造場の装置ハ普く下水を通し〔但地勢ニ因て異る事あり〕地盤を乾燥ならしめ
しめ而て海水を注入する全部をして悉く漏洩を防が
ざるべからず其費用劣ならずと雖も其ニ適宜の粘土等
ありて該用ニ充る便宜を得る時ハ必ず多くの費用を要
せざるべし此装置ハ一旦堅固ニ構造なし時ハ容易ニ
破壊せざるものとし
蒸發場の溜入ハ低地ニて直ニ注入し又ハ高地ニて
汲上げニせざるも互ニ得失ありて大差なき者とし
明治二十二年六月

製塩法改良覚書(仮綴)(7/8)

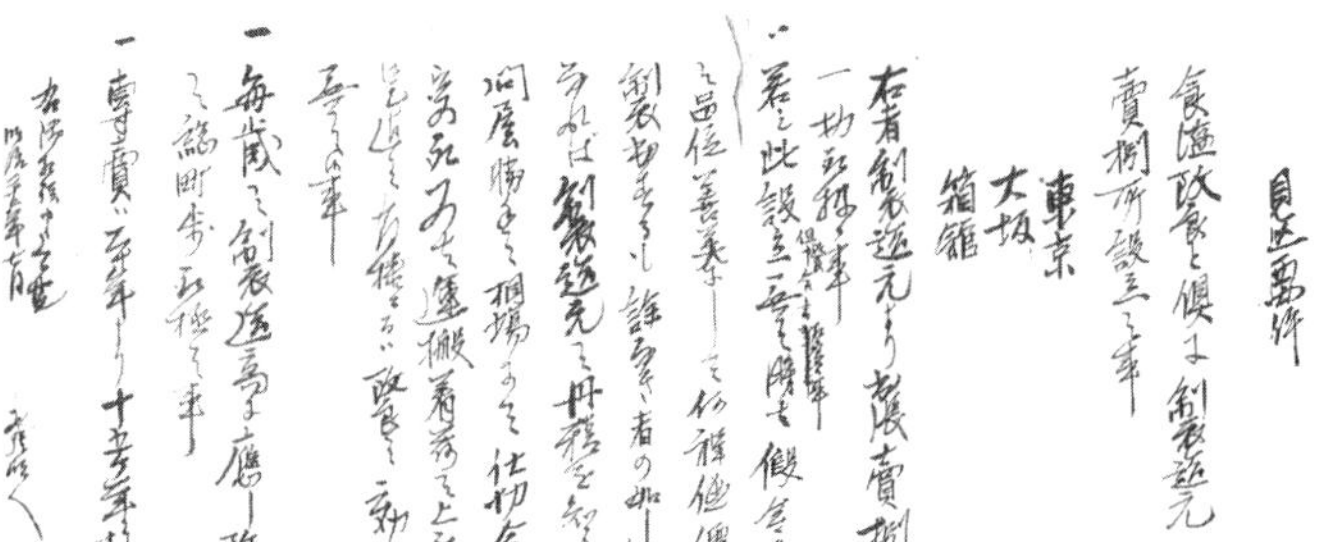
食塩改良と倶ニ創製
賣捌所設置之事
東京
大坂
箱館

製塩法改良覚書(仮綴)(8/8)

質善良ならずして、衛生の害少なからざるべし、正に食塩ハ人生必需の品にして其精粗ハ人身生理に関ず、宜しく是か改良の効を奏さば特り人民の幸福而已ならず国家の公益少なからざるべし、

製造消費の第一等に於る薪石炭の価格ハ連年騰貴し、在来の製塩の如きハ多くの製造人夫を要す、尋常にてハ到底改良の好結果を奏すべからざるを察し、嚮に天日製食塩に注目し、既に燃材を用ひず之を製造して、明治十四年第二内国勧業博覧会に食塩数品并天日製食塩を出品して、左の褒状を給りたり、

善ク良品ヲ製出ス、他日器械整頓価値其当ヲ得、製額従テ大ナルニ至ラバ、果シテ国ニ益アラン、其用意頗ル嘉スベシ、

天日製食塩ハ利潤多くして其質の純良なるハ識者の能く知る所なれ共、我国ハ外国と気候異り雨天多くして連日の労力を皆無にせし事少なからず、是に拠て天日製食塩ハ我国に於て普通の洋法に模擬して施行すべからざるを悟り、完全の製造法を研究せんと欲して困苦すれ共、容易ならずして荏苒幾多の星霜を経て漸く近時に至て降雨の妨げを避けて完全の方法を得たり、

此方法ハ新規有益の発明にして明治二十二年五月二十九日専売特許を受けたり、

完全の製造法ハ、薪石炭を用ひずして、殊に多くの製造人夫を省く、而て製造せし食塩ハ、所謂品位善美にして価ひ易く、其質純良にして衛生に害なし、加之、全く焼滅する燃材を残存なす者にして、漸次改良の効を奏さば、全国人民の幸福ハ勿論、燃材の残存する総数、年々莫大の国益に至るべし、

改良ハ成丈準備整頓して漸次に運ぶを好とし、而て先つ食塩の欠乏を告る外国に輸出し、或ハ魚塩の改良を始めとして諸製造の用に充てんと欲す、

東京府日本橋区本銀町壱丁目壱番地

明治二十二年六月　　発明人小野友五郎述

明治二十二年五月二十九日第六八一号

専売特許十五年

食塩製造法

食塩製造法の概略

此方法ハ太陽熱を利用して海水を蒸発し、塩液を得るに当り、降雨に遭ふも此塩液に雨水

を混和せしめざるを専要とす、

塩液ハ重く雨水ハ軽くして仮令塩液ハ薄液なるも雨水より必重し、既に水中に溶解する塩分ハ必降て水底に至らんとす、此軽重の自然に従て、塩液と雨水の混和を防くに砂又ハ小石を用ゆ、其法先つ堅実にして角ある砂を撰み、而して之を集合なす空罅に逐次蒸発せし海水の塩液を充実なさしめて後ちこれを流出なす者とす、

水分を含む砂の表面ハ至て堅硬なる者にして、例せば車輪の歯も嵌入せざる程なれば、今此砂の表面を以て塩液と雨水の所在を分つ限界となす、乃ち塩液をして限界の下に居らしめ、雨水ハ其上面に居らしむ、これ此装置の因て起る処にして主要なる部分なり、

蒸発場ハ漏液を防きて前記の砂を平坦に敷き、其底部に当る所を下とし、又砂の表面に当る所を上として、此上下二個所に小孔を穿ち、而て先つ砂の表面に適宜に海水を注入して蒸発なさしむ、此蒸発の度に従て之を反覆して逐日蒸発なす時ハ、其塩液をして終に濃厚となりて、皆限界の下にて砂の内部に充実すべし、

濃厚の塩液をして砂の内部に充実する時ハ、此塩分ハ終に損する事なかるべし、而て一日毎に蒸発し得る塩液ハ一日毎の取獲にして、是か結晶に適宜と知る時ハ度毎に下孔を開て流出して結晶場に移すを常とす、然れ共、又日子を重ねて多く塩液を充実なさしめて其程

に流出なすも妨けなき者とす、

蒸発場の装置ハ素より降雨を受けて塩分を損せざる準備なる故、降雨の時ハ唯事業を休むべし、而て更に晴天となる時ハ上孔を開て雨水を流出なさしめ、其跡に又常の如く海水を注入して之を蒸発なさしむ、乃ち塩液と雨水ハ軽重の自然に従て仮令風波の動揺を受るも互に上下入違ひに限界を通過して混和せざる者とす、若し此限界なき時ハ動揺の為めに必混和を免かれず、爰に於て前記に塩液と雨水の所在を区別せし方法の緊要なるを知るべし、

結晶場に塩液を移して結晶なさしむハ必一日を期して事業を果さゞるべからず、此塩液ハ最も濃厚にして其用に当るを要す、而て該場の地位を撰らみ、或ハ地磐《（ママ）》の乾燥を験し、又ハ緻蜜《（ママ）》を専らとして漏液を防く等、其法種々ありて、爰に一々挙げざる也、

付言

海水百分に付三分より少なからざる食塩を得るとして、海水溜の塩分常に適宜にある時ハ、反別壱町五反歩にて食塩凡弐千五百石を得る計算なり、

　但、地勢ニ因て異る事あり、

製造場の装置ハ普く下水を通して地盤を乾燥なさしめ、而て海水を注入する全部をして悉く漏液を防がざるべからず、其費用少なからずと雖モ、幸に適宜の粘土等ありて該用に充

る便宜を得る時ハ必多くの費用を要せざるべし、此装置ハ一旦堅固に構造なす時ハ、容易に破壊せざる者とす、

蒸発場の汐入ハ低地にて直に注入し、又ハ高地にて汲上げにするも、互に得失ありて大差なき者とす、

明治二十二年六月

（付箋）「此已下　書載ず」

見込要件

食塩改良と倶に、製造元共立売捌所設立之事、

東京

大坂

箱館

右者、製造元より出張売捌方一切取扱候事、

但し改良合書相定候事、

一　若シ此設立無之時者、仮令食塩之品位善美にして何程低価に製出するも詮なき者の如し、何んとなれば製造元之丹精を知らざる問屋、勝手之相場に之仕切、金を寄取、又者運搬着荷之上取扱方是迄之有様ニ而ハ改良之効力無之候事、

一　毎歳之製造高に応し、改良之総町歩取極之事、

一　専売ハ本年より十五ヶ年之事、

右、御相談申上候也、

明治二十二年七月　　　　発明人

ここに掲げた小野友五郎の製塩法改良覚書（仮綴）には日付が明治二十二年六月とあるが、これは覚書に記されているように、同年五月二十九日に食塩製造法の特許を得た直後のことである。

又、小野友五郎は「塩田会長生本伝九郎氏江渡」と朱書しているが、その時期は次に掲げる生本と小野との往復書翰では、生本は赤穂や網干浜で試験して好結果を得ているのであるから、それ以前に遡ることは明白である。

「十州塩田組合本部長」の肩書がなくなり「塩田会長」となっている。

生本伝九郎の七月十四日付小野友五郎への返書の中に「十州塩田組合本部長石崎保一郎」と記述されていることなどから考えると、生本伝九郎は、十州塩田組合本部長を石崎保一郎に譲った後も塩田会長として積極的に関与していたのである。

十州塩田組合の自然消滅は、明治二十三年（一八九〇）五月の十州塩田組合臨時会以後のことである。

小野友五郎は天日製食塩の利点として薪・石炭などの燃料を用いず多くの製造人夫を省き、製造した食塩は品位善美でその質は純良、漸次改良の効果がでたら、国民の幸福は勿論莫大な国益となると述べている。

そして、「見込用件」の内容からは、小野友五郎が製塩法改良によって製出された善美で低価な塩が消費者のもとへ届くようにするためには売捌《はつ》所（売りさばくところ）を設立すること、それによって問屋が勝手に相場を決めることを排除することが大切である。これをしないと改良の意味がないと述べていて誠に興味深い。

製塩業者や国を思う私欲のない友五郎の人柄が感じとれる。

三　小野友五郎の天日製塩法に対する生本伝九郎の返書

生本伝九郎書翰

（端裏書）
「生本氏ゟ之返事」

倍御清適奉賀候、陳者今般中村真斉殿ト御同行致、貴老年来御試験之結果として得られたる食塩焚上方法ニ依リ、赤穂并ニ綱（網）干浜ニ而試験仕候処、塩質良好且升量も聊増加し、有益之結果ニ有之、就而者小生之愚考ニハ広ク十州中ニ及し申度与存候付、幸現任之十州組合本部長石崎保一郎氏も在坂中ニ付、協議候処、同感ニ付、追テ其手続相試度ト申事ニ有之候、詳細之儀ハ中村君江申上置候間、御聞取可被下候、何レ組合重立タル人々之同意ヲ得候上ハ、更ニ何分之御協議可申上候得共、今般之結果御報道ヲ兼、一書得貴意候、

草々敬具

七月十四日　伝九郎

小野老台侍史

この切継紙一通は表紙に「塩田会長生本伝九郎氏江渡」と朱書され、天日製食塩製造法の概略について述べた明治二十二年六月の日付のある一冊に対する生本伝九郎自筆の返書である。口絵にも掲げるように筆致も力強い。

　自分は今般中村真斉殿と同行し、あなたが数年来の試験結果得られた食塩焚上方法により、赤穂・網干浜で食

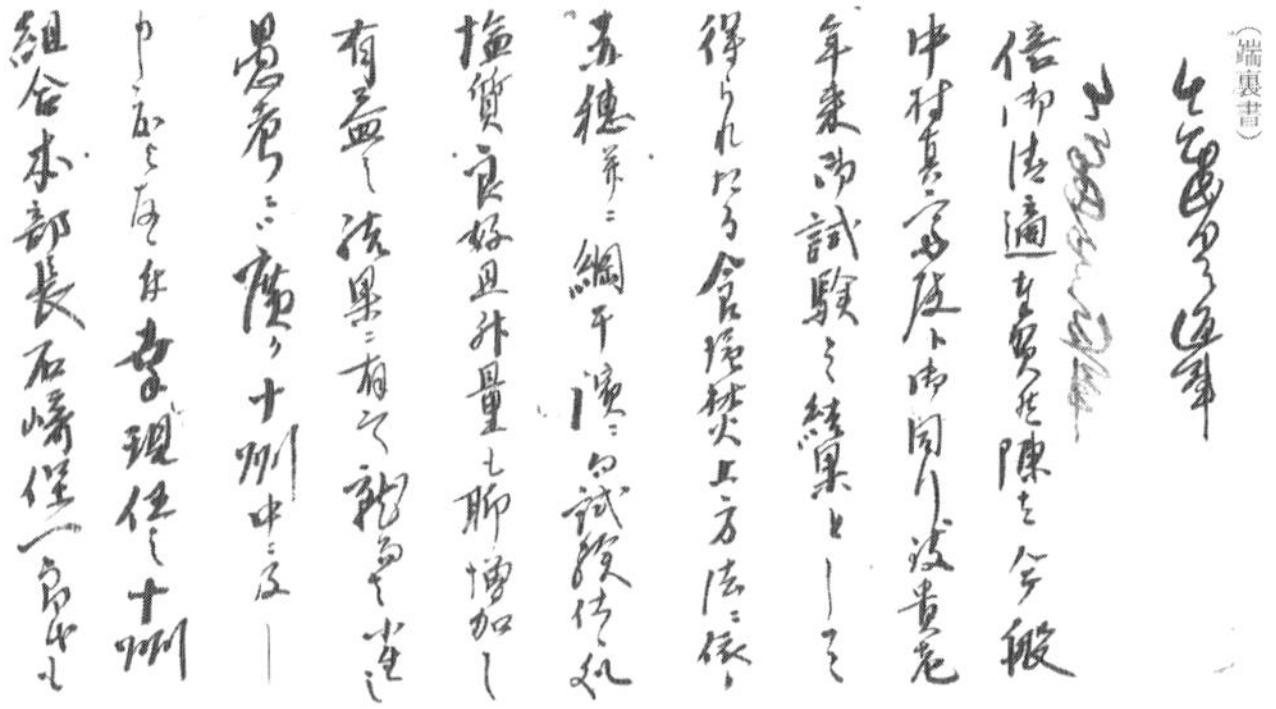

生本伝九郎書翰(1/2)

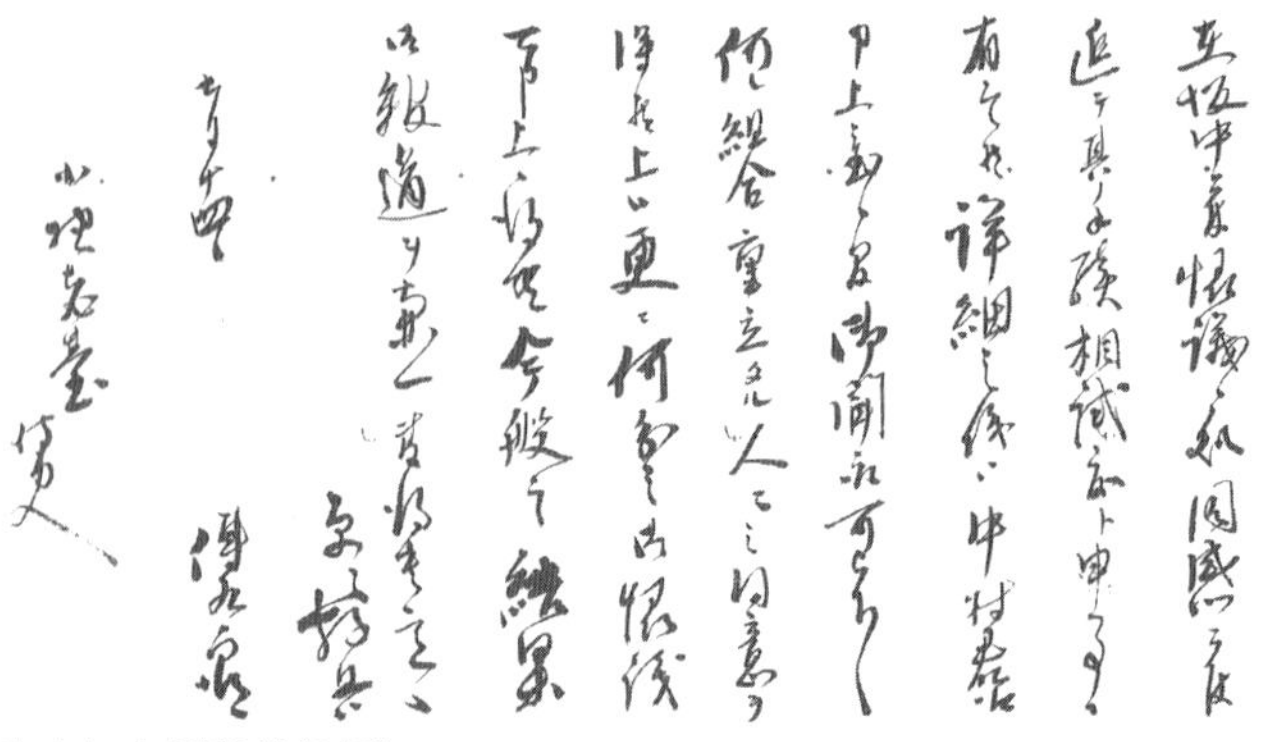
生本伝九郎書翰(2/2)

塩製造の改良試験をしてみたところ、塩質良好でその上量も少々増加して有益であるという結果を得た。自分はこれを十州中に及ぼしたいと思う。幸に現在の十州組合本部長石崎保一郎氏も在坂中で協議したところ同感ということであった。詳細は中村君へ申し上げておくので彼から聞いてほしい。いずれ組合の重鎮の同意が得られたら何らかの協議もできると述べている。

「……幸現任之十州組合本部長石崎保一郎氏も在坂中ニ付、協議候処、同感ニ付……」と思いを記している。

この生本伝九郎の返書からは、これ以前に生本伝九郎と小野友五郎との間に何らかの関係があったことが想像できる。

生本伝九郎は小野友五郎と打ち合わせ、これ以前に既に赤穂・網干浜において追試験を指示し、その結果が良好であったことを踏まえて七月十四日付のこの書翰を認め、小野友五郎はそれを受けて七月二十四日付で返書していることからもうなずける。

二人の出会いについては、岸田裕之氏の「生本伝九郎と小野友五郎―製塩法改良をめぐる交流関係史料の翻刻と解説―」（『岡山県立記録資料館紀要第十一号』）に詳しく述べられている。その概要を記す。

小野友五郎の日記の明治二十六年（一八九三）六月十日条に、中村より届いた郵便の内容として次のように記している。

中村、旧友松井千二郎と云者紹介にて、十州塩田会長生本伝九郎氏ニ面会云々、

これ以後、中村より状況報告の郵便が度々到来するが、日記には六月十五日条に「近々赤穂江出張」、六月二十五日条に「結果上々」、六月三十日条に「試験上々」、七月十三日条に「網干場試験好結果」などと記され、簡潔ではあるがその過程をたどることができる。

このように日記の内容からは、六月初旬に中村真斉が生本伝九郎に面会したことによって、十州塩田組合において食塩改良に向けた追試験への取り組みが具体的に動き出したことが確認できる。

従って、この往復書翰は共に明治二十六年（一八九三）のものであると考えられる。

又、日記中に、中村真斉が生本伝九郎に面会した記事に続いて、友五郎が伝九郎に明治二十二年（一八八九）七月十六日に、南鍋丁（現在の銀座）の旅宿において、大門専挙の紹介で面会したことが記されている。

そこで、日記の明治二十二年七月をたどると、七月十五日条に「十州塩田本部農商務省江罷出、面会之事」「農商務江罷出、大門面会、又、局長課長面会」、「十州塩田組合本部長生本伝九郎」と三項を順にあげ、そして翌七月十六日条に次のように記している。

大門江行、南鍋丁元千葉鉱業社跡ニて大門一同生本伝九郎ニ面会、何れ帰国、衆会の上と申事、返事は大門方、と見える。

この改良製塩法の十州塩田への導入については、生本が組合集会に諮った上で、結果を大門へ返事するということである。大門は農商務省の担当官と考えられる。

十州塩田組合本部長生本伝九郎が上京し、農商務省へ出向いて来たこと、同日小野友五郎が農商務省へ行き、大門に面会、この時打ち合わせがなされていたのであろう。翌日生本と小野の初顔合わせが実現している。

四　小野友五郎より生本伝九郎に宛た書翰

小野友五郎書翰

（端裏書）

「生本氏江之書翰」

厳暑之際愈御清適御起居可被為遊候段、奉賀候、却説過般来ハ中村真斉義罷出、種々御配慮ヲ以テ改良法試験ノ手続ニ相成候処、各地共試験之結果ハ至極好都合之趣キ、且又石崎

小野友五郎書翰(1/3)

小野友五郎書翰(2/3)

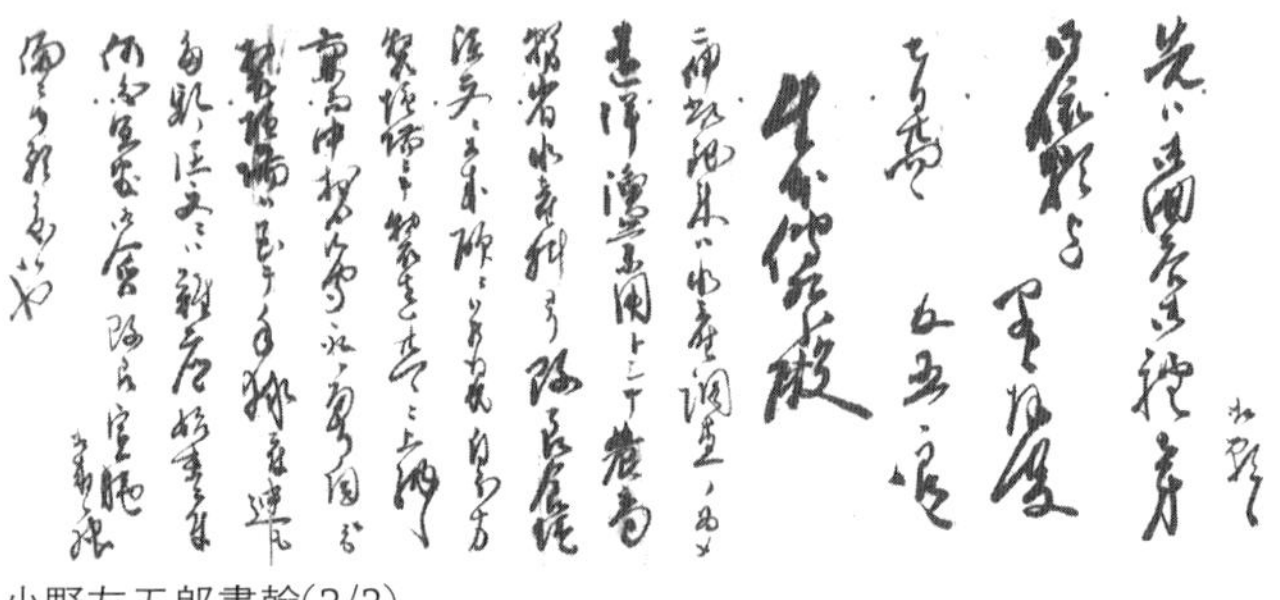
小野友五郎書翰(3/3)

保一郎殿等ト御協議之上、来月ハ十州御組合御集会之節、右試験之結果御報道被成下、改良法実施之御計画被成下候趣キ、御懇書ニ預リ奉謝上候、且中村ゟ委細聞取大ニ安堵仕候、猶此上共御引立之程奉願上候、就而ハ来月御組合御集会之際ハ、可相成ハ、貴下御出席御尽力被成下候様、相願度、左候得ば、自然実施上ニ付好都合ニ相運可申遠察罷在候、右ハ誠ニ恐入候義ニ御座候得共、此上共御尽力御引立之程相願候、先ハ御回答御礼旁御依頼迄、

早々拝復

七月廿四日　友五郎

生本伝九郎殿

二伸、此程来ハ水産調査ノ為メ、遠洋漁業用トシテ農商務省水産科ヨリ改良食塩注文ニ相成、聊ニハ候得共、自分方製塩場ニテ製造共一々ニ上納候、兼而中村ゟ御聞取ノ通リ自分製塩場ハ至テ手狭ニ付、迚も多額ノ注文ニハ難応始末ニ付、何分宜敷御含、改良実施相成候様、偏ニ奉願度候也、

この切継紙一通は小野友五郎から生本伝九郎に宛たものである。日付は七月二十四日。中村真斉も出向いて各地で改良法試験が行われたが、その結果は至って良好とのこと、石崎

保一郎氏らと協議の上来月の十州塩田組合の集会の節この試験結果を報告し、改良法を実施していくという書面を受け取り感謝している。又中村真斉からも詳しく聞き安堵している。引きたてをよろしくお願いする。ついては、八月の組合集会には生本にもでき得れば出席してほしい。尽力下されば好都合に事が運ぶと思うとして返信に感謝し、今後の尽力、引き立てを願っている。

十州塩田組合本部長というかつての立場のこともあろうが、友五郎ほどの人物から絶対の信頼を寄せられている生本という人物がいかに偉大であるかが知れる。

二伸では、水産調査のため遠洋漁業用として農商務省水産科より改良食塩を注文されたので、自分の製塩場で作ったものを上納した。中村より聞いておられるとおり自分の製塩場は手狭で多量の注文には応じられない。このことを了知下さって改良実施が成就するよう願う旨記されている。

第三章　衆議院議員選挙への立候補

第一節　衆議院

明治十四年（一八八一）十月国会設立の詔《みことのり》が出され、これにより明治二十三年（一八九〇）を期して国会が開設されることとなった。

明治二十二年（一八八九）二月十一日大日本帝国憲法が発布されたが、その憲法下において貴族院と共に帝国議会を構成した議院が衆議院である。（大日本帝国憲法三十三条）

議員定数三〇〇人で発足、大正十四年（一九二五）までは、選挙権は納税額など一定の要件を満たす男子だけに与えられた。

貴族院が皇族・華族・勅任議員により構成されたのに対し、衆議院は公選議員により組織され、法的には貴族院と同等の権限を有していた。但し、解散は衆議院についてのみ認められ、予算は衆議院において先決された。政治的には国民によって選挙された議員から成る衆議院が国民を代表するものとされ、その結果、帝国議会においても政治の重点はしだいに衆議院におかれるようになってくる。

第二節　衆議院議員選挙

一　第一回衆議院議員選挙

明治二十三年（一八九〇）七月一日、第一回衆議院議員選挙の投票が行われた。有権者数四五万八七二人、投票者数四二万二五九四人、投票率九三・七三％であった。有権者数は総人口の約一％、選挙権は直接国税一五円以上納税の満二十五歳以上の男子であった。岡山の選挙区は七区に分けられていて、第一区は岡山区・御野郡・上道郡・邑久郡・児島郡で定員二、第二区は津高郡・赤坂郡・磐梨郡・和氣郡で定員一、第三区から第七区までは地域を省略するが、定員は各一となっている。こうした選挙区は、明治三十三年（一九〇〇）の大選挙区制の導入で姿を消すことになる。

岡山二区では定数一に対して立候補者数四で、その四名は西毅一（党派・会派等は大成会）、生本伝九郎、中山寛、その他であった。

選挙結果は西毅一七一一、生本伝九郎五一四、中山寛二五五、その他の得票計二〇票で、生本伝九郎は一九七票差で西毅一に敗れている。

衆議院議員選挙への出馬には、今まで生本伝九郎が取り組んできた諸問題・諸課題に対する政府対応のもどかしさを感じた生本が、政治を動かさなければ何もできないとの思いに至り立候補を決意した心の内が感じられる。

また、選挙の結果は敗れはしたものの、西毅一に次ぐこの得票は、生本の今までの物の考え方、責任感、使命感、行動力、実績、学識、信念、情熱、努力、人脈等の評価の表れと言えよう。

参考までに各区当選者を挙げると、一区小林樟《くす》雄・坪田繁、二区西毅一、三区犬養毅、四区坂田丈平、五区渡辺磊三、六区立石岐、七区加藤平四郎であった。


西毅一は天保十四年（一八四三）～明治三十七年（一九〇四）の人。号は微山。岡山藩家老池田刑部の臣霜山徳左衛門の長男として現在の岡山市北区番町で誕生。慶応四年（一八六八）師西村後村の養嗣子となる。岡山県参事、東京上等裁判所判事、微力社の設立、閑谷学校の再興。第一回、第二回の衆議院議員選挙に当選。第三回は出馬を固辞し閑谷黌の経営に専念した。明治三十七年（一九〇四）三月自刃、原因は諸説あって詳らかでない。

二　第二回衆議院議員選挙

明治二十五年（一八九二）二月十五日、第二回衆議院議員選挙の投票が行われた。有権者数四三万四五九四人、投票者数三九万八〇三六人、投票率九一・五九％であった。岡山二区では定数一、立候補者数五で、その五名は西毅一、中山寛、生本伝九郎、小林樟雄、その他であった。

選挙結果は、西毅一六四一、中山寛四四〇、生本伝九郎三三九、小林樟雄一、その他は〇であった。

第四章　移民保険会社設立

第一節　移民の状況

明治十八年（一八八五）一月日本政府はハワイ王国政府と協約を結び官約移民の送り出しを始めた。これは日本移民の試行期で、ハワイのほかオセアニア方面にも移住した。明治二十四年（一八九一）岡山県から二〇人ずつ二回にわたって四〇人がハワイへ自由移民している。これは士族授産のもので、砂糖きび栽培の技術を持ち帰るためであった。従って移住はしたが、定着はできなかった。備中人が多く、単なる移民ではなく技術取得という岡山県人の発想は興味深い。当時の外務大臣は井上馨であった。

ハワイ移民が恒久化するのは明治二十八年（一八九五）からでこれは後に移民会社による契約移民、更に自由移民として続き、一九一〇年代には在留邦人は一〇万人を超えた。砂糖きびの栽培や製糖の労働力の需要があったためである。特に山口、広島、熊本、沖縄などの西・南諸県出身者が多かった。

アメリカ、カナダへの移民もハワイからの転航を含めて急増した。アメリカ西海岸州、なかでもカリフォルニアが多かった。日本人移民の急増はアメリカ・カナダに深刻な経済社会問題を引き起こし、両国は日本人移民の受け入れ制限をし始めた。

少しおくれてコーヒー圏労働力の利用にもとづくブラジル移民が始まり、アメリカ合衆国の制限強化につれて増大し、第二次世界大戦が始まって途絶するまでに約一九万人が移住している。

近代日本移民は国内労働市場の狭さが生んだ相対的過剰人口のはけ口としてであったと考えてよかろう。

『神戸又新《ゆうしん》日報』明治二十五年二月五日二面によると、「米国《べいこく》への渡航者多《とかうしやおほ》し」の見出しで、

●米国《べいこく》への渡航者多《とかうしやおほ》し　一両日中《りやうじつちう》に横浜《よこはま》を解纜《かいらん》し米国《べいこく》へ向《むか》ふべきザンビン号《がう》にて米国《べいこく》ビクトリヤ及《およ》び布哇《ハワイ》等《とう》へ出稼《でかせぎ》するもの百余名《よめい》もある由《よし》にて此《こ》の内本県庁《うちほんけんちやう》にて旅行免状《りよかふめんじやう》を下附《かふ》したるもの過半《くわはん》なりといふ

とあり、明治二十五年（一八九二）ごろはアメリカへの移民が多かったことが分かる。

第二節　移民会社設立の状況

明治十八年（一八八五）一月から日本政府はハワイ王国政府と協約を結び官約移民の送り出しを始めたことはすでに述べたが、ハワイ官約移民の成功のニュースが日本に伝わり移民希望者が増加した。これに伴い移民を取り扱う業者が横浜・神戸など移出・送出の基地となった都市や移民送出県に多数出てくるようになった。

これらの業者を取り締まり営業を許可する法律や規則は当時はなく、一般の商事会社を設立する規則に沿って会社を設立したり、許可なしに個人的に営業したりする者が大部分であった。日本で最初の移民取り扱いの会社は、明治二十四年（一八九一）十二月に成立した吉佐移民合名会社で、この時期（明治二十四年末から同二十五年初め）に東京・大阪・横浜・神戸等の大都市に移民を取り扱う会社が数社設立されている。

日本政府は海外移民が盛んになるにつれ、移民取り扱い業務を民間に委託すること、移民の保護のため取り扱い業者の取り締まりを強化することなどのため、明治二十七年（一八九四）四月に「移民保護規則」を勅令で制定している。

第三節　移民保険会社設立の出願

『神戸又新日報』明治二十五年（一八九二）一月十七日の二面三～四段の見出しに、「移民保《いみんほ》険会社《けんくわいしや》に係《かゝ》る件《けん》」として

●移民保険会社《いみんほけんくわいしや》に係《かゝ》る件《けん》　彼《か》の生本伝九郎《いくもとでんくらう》、山口栄之丞《やまぐち江いのじょう》等《ら》の諸氏《しよし》が出願中《しゆつぐわんちう》に係《かゝ》る移民保険《いみんほけん》会社《くわいしや》の定款《ていかん》に付帯《ふたい》する渡航手続《とかうてつゞき》規則《きそく》の事《こと》に付本県庁中《つきほんけんちやうちゆう》に於《おい》て詮議中《せんぎちう》の由《よし》なりしが聞《き》く処《ところ》によれば本件《ほんけん》に就《つい》ては目下知事《もつかちじ》より外務大臣《ぐわいむだいじん》へ何《なに》か伺《うかゞ》ひ中《ちう》なりといふ

との記事が見える。

生本伝九郎は移民取り扱い業界では有名な山口栄之丞、伴新三郎らの諸氏と移民保険会社設立を出願中であることが分かる。

この移民保険会社の定款についている渡航手続き規則に県の立場として何かを感じ、表向きは庁内で検討中としていたが、実は知事より外務大臣へ伺いをたてていた。県として移民保険会社について、それにかかわる十分な法律が整っていなかったことが想像できる。

又、『神戸又新日報』明治二十五年（一八九二）二月五日の二面四段の見出しに、「移民保険《いみんほけん》

会社《くわいしや》の定款認可《ていくわんにんか》」として

●移民保険《いみんほけん》会社《くわいしや》の定款認可《ていくわんにんか》　生本伝《いくもとでん》九郎《らう》、山口《やまぐち》栄《江い》之丞《のじょう》、伴新《ばんしん》三郎等《らうとう》の諸氏《しよし》より予《かね》て移民保《いみんほ》険《けん》会社《くわいしや》定款認可《ていくわんにんか》の儀《ぎ》を出願《しゆつぐわん》し県庁《けんちやう》に於《おい》ては外務省《ぐわいむしやう》へ伺中《うかがひちう》なりしが右《みぎ》は今度《こんど》一万円《えん》の保証金《ほしやうきん》を県庁《けんちやう》へ預《あづ》けしむる事《こと》となし又《ま》た定款《ていくわん》に付属《ふぞく》する渡航手続《とかうてつづき》規則中差支《きそくちうさしつかへ》なき条項《てうかう》のみを定款《ていくわん》に加《くは》へしむる事《こと》となり一両日前認可《りやうじつぜんにんか》せられしといふ

との記事が見える。

生本伝九郎、山口栄之丞、伴新三郎の諸氏は移民保険会社定款認可の出願をした。県庁では外務省へも伺いを立て、生本らは一万円の保証金を県庁へ預け、定款に付属する渡航手続き規則中差し支えない条項だけを定款に加えることとなって一・二日前認可されたことが分かる。

生本伝九郎等の申請した移民保険会社については、『外務省記録総目録』（外交史料館所蔵）第一巻（明治大正編）には該当する会社名はない。

外務省に出願された書類が残っているはずであるが、明治三十年（一八九七）までは標題はあるが目次がなく、従って全文をめくらなければ見出せないので今後の課題である。外交史料館に残っておれば実態の把握も可能である。

又、移民研究で高名な児玉正昭氏の収集している史料の目録にも載っていない（児玉正昭氏

書簡）

外交史料館には移民取り扱いの営業を実施した会社の史料しか残っていない。営業許可を受けても移民送出をしなかった会社もある。一万円という保証金では採算がとれない場合もあり、会社組織にしないで個人営業で実施する者もかなりあった。

生本伝九郎等の移民保険会社は「移民保護規則」制定以前に出願された会社で、移民を送り出したという記録はまだ見つかっていない。

伝九郎と一緒に出願した山口栄之丞、伴新三郎は移民業界では有名な人で、山口は榎本武揚が朝野の有力者を集めて設立した「殖民協会」の会員で、伴は明治二十三年（一八九〇）渡米し、ポートランド市に定住し、アメリカの鉄道会社に日本人労働者を供給した。オレゴン州日本人会会長となっている。

明治二十五年（一八九二）二月に設立されたと思われる移民保険会社は、吉佐移民合名会社の設立に象徴される移民取り扱い会社設立の動向に刺激されて生まれたもので、アメリカ、カナダへ渡航する移民を対象とした会社と考えられる。

海外移民が盛んになろうとする時期、早々に移民保険会社の設立に着目した生本の先見性は注目に値する。移民保険会社としては生本は先がけではなかろうか。

又、『神戸又新日報』明治二十五年（一八九二）二月七日の二面二段の見出しに「移民保険《いみんほけん》会社社長《くわいしやしやちやう》と顧問《こもん》」として、

●移民保険《いみんほけん》会社社長《くわいしやしやちやう》と顧問《こもん》　生本伝《いくもとでん》九郎《らう》、山口栄之丞《やまぐち江いのじよう》等《ら》の諸氏《しよし》が組織《そしよく》して認可《にんか》を出願中《しゆつぐわんちう》なりし移民保険《いみんほけん》会社《くわいしや》の認可《にんか》せられしことは一昨日《さくじつ》の本紙上《ほんしじやう》に記載《きさい》せしが同会社《どうくわいしや》にては一両日前《りやうじつぜん》役員《やくゐん》の撰挙《せんきよ》を行《おこな》ひしよしにて社長《しやちやう》には山口栄之丞《やまぐち江いのじよう》氏《し》が当撰《たうせん》し生本伝《いくもとでん》九郎《らう》氏《し》は顧問《こもん》に推撰《すゐせん》されたりといふ

と見えて生本が「移民保険会社」の顧問となっていることが分かる。

第五章　生本伝九郎がかかわったその他の事業

以上述べてきたほかに生本が取り組んできたと伝えられる事実が二つある。陶器改選所を組織したことと眼睲新聞を経営したことである。

第一節　陶器改選所

明治の初めごろ伊部焼（現備前焼）は古伊部の特色を失い著しく低迷していた。生本伝九郎は伊部焼の改良を図ろうと大饗吉蔵の二男で後藤家（現岡山市北区御津町）の養子となっていた後藤貞三と図り、明治十年（一八七七）改良を目的とした陶器改選所を組織し、窯を二カ所に築いた。これを黄薇窯と言ったが、この事業は成功せず約三年で廃窯した。この時期生本は県の勧業課の一職員であった。

陶器改選所のことは『山陽新報』明治十三年（一八八〇）十二月二十六日に掲載されているので次にそれを掲げる。

県下に斯《こ》の名産《めいさん》ありと其名《そのな》を世上《せせう》に博《はく》したる和気郡伊部村の伊部焼《いんべやき》なる陶器《とうき》は近年古来《こらい》の製式《せいしき》を失《うしな》ひ堅牢《けんろう》の質《しつ》を欠《か》き只管虚飾《ただそらごとしょく》に流《なが》れ、却《かへ》って疎雑《そざつ》に陥《おちゐ》り其名誉《そのめいよ》を害《そこな》はんとするを憂へ、同村なる後藤貞三氏が大《おほひ》に奮発《ふんぱつ》して該業振起《しんき》の策《さく》に勉励し、終に器陶改選所なるものを設《まふ》けしは三年前の事《こと》なりしが、夫より後《のち》は専《もっぱ》ら古風《こふう》に恢復《くわいふく》せんことを勉《つと》めしに、追々進《おいおいしん》歩《ぽ》して目今《もくこん》其名誉を挽回《ばんくわい》するに至りしは誠《まこと》に賀《が》すべき事なるが、猶《な》ほ此上《このうへ》益々事業の進歩を謀《はか》らんとて一大会社を結《むす》ばんとし今其目論《もくろ》見《み》中《ちゅう》なりと聞けり。

伊部焼が古来の製法を失い堅牢さ、細やかさがなくなっていることを憂えた生本が後藤に働きかけて改善を図ろうとした意気込みが感じ取れる。

第二節　眼睲新聞

生本伝九郎が「眼睲新聞」を発刊したということは『改修赤磐郡誌』に記されている。彼の没年から約三十年後に出版された本著の記述は間違いなかろうと考えられるが、確かな史料は見当たらない。只伝九郎の妻の兄岸田峯太郎の三女葉末代から伝九郎が新聞を発刊していたという話は聞いている。

陶器改選所を組織したことや眼睲新聞を経営したことなどに事業家としての一面も感じられるが、事業家としての才能は乏しかったようで、すべての事業が失敗に終わっている。

第六章　生本伝九郎の家系

第一節　生本伝九郎の生い立ち

一　諸史料より

　生本伝九郎がどのような家系、家庭環境に生まれたかについては詳らかではない。ただ、十州塩田組合本部長生本伝九郎と東讃支部長井上甚太郎との論争に関する生本側史料である『塩業利害説明並東讃紛議実歴前篇』『塩業利害説明前篇附録』に「著述兼発行人　滋賀県士族　生本伝九郎」と見える。前者は明治二十一年（一八八八）一月十八日の出版、後者は同年三月二十六日の出版となっている。

「滋賀県士族」の「滋賀県」は明治十八年（一八八五）九月滋賀県犬上郡の郡長に就任したことによるのであろうが、ここでは士族として記述されている。

戸籍謄本によると、明治二十二年（一八八九）二月二十三日滋賀県滋賀郡大津下堅田町五十九番邸より岡山県赤坂郡東高月村大字下市四十三番邸へ転籍しているが、岡山県から滋賀県へ転籍した年月日については詳らかではない。

「裁判言渡書」（松山始審裁判所）（明治二十一年二月）には次の記述が見られる。

（朱書）「明治廿年第八十六号第九十号」

裁判言渡書

原告人兵庫県神戸区下山手通七町目
六百二拾一番地寄留平民拾州塩田組
合本部長生本伝九郎代理愛媛県伊予
国和気郡興居島村八百八拾五番地平
民十州塩田組合本部副長
石崎保一郎

として「平民生本伝九郎」の記述が見られる。

二　戸籍謄本、墓碑より

墓碑に、祖父円介英親、父藤三郎正英が見える。もし武家であれば明治元年（一八六八）二十歳を迎えた伝九郎にも諱《いみな》が付けられていたであろうと考えられるが、現段階では判明していない。
祖父　生本円介英親
天保八年酉（一八三七）十一月二十五日没、六十四歳
祖母　生本円介英親妻
弘化四年未（一八四七）十一月二十二日没
父　生本藤三郎正英
明治六年（一八七三）四月二十一日没、六十四歳
母　生本藤三郎正英妻
寺見権助長女小俊《こしゅん》、戸籍編成以前に付入籍年月日不詳
文政五年（一八二二）二月十日生、大正三年（一九一四）十一月二十五日没
本人　生本伝九郎
嘉永元年申（一八四八）三月二十一日岡山県赤坂郡東高月村大字下市四十三番邸に藤三郎正英の二男として誕生、明治六年（一八七三）四月二十日相続、明治七年（一八七四）十月三十日岡山県赤坂郡上仁保村岸田嘉三郎信之長女喜与と結婚、明治二十二年（一八八九）二月二十三日滋賀県滋賀郡大津下堅田町五十九番邸から赤坂郡東高月村大字下市

四十三番邸へ転籍、明治四十二年（一九〇九）一月二日午前八時岡山市大字一番町三十八番地で死去、六十二歳、「児島湾開墾御許可願」の願人生本伝九郎の住所は岡山区片瀬町一番地。藤田伝三郎が千坂高雅知事宛提出した名儀変更の書類には神戸下山手通七丁目、「裁判言渡書」には「兵庫県神戸区下山手通七町目六百二拾一番地寄留」と見える。明治十九年（一八八六）ごろから明治二十二年（一八八九）ごろの間阪神方面で活躍していたからであろう。西宮の香炉苑に別荘を持っていたのもこのころと考えられる。

妻　喜与《きよ》

安政四年（一八五七）八月三日岸田嘉三郎・妻いろの長女として赤坂郡上仁保村に誕生、明治七年（一八七四）十月三十日伝九郎と結婚、昭和十六年（一九四一）一月十七日西宮市市庭町十八番地で死亡、八十四歳

長女　岡恵

明治十二年（一八七九）九月二十五日誕生、明治二十四年（一八九一）七月二十二日岡山市大字七軒町において死亡、十二歳

長男　伝《つたえ》

明治十四年（一八八一）八月三日誕生、明治三十七年（一九〇四）一月十四日死亡、二

十三歳

二男　起元次

明治二十年（一八八七）九月二十七日誕生、明治四十二年（一九〇九）一月二十七日相続、大正八年（一九一九）四月二十五日奈良県吉野郡国樔村大字新子百九番地福田千蔵二女マサと結婚、昭和三十五年（一九六〇）六月二十四日尼崎市森字伊佐子二百七番地において死亡、七十二歳

二女　春枝

明治二十七年（一八九四）二月十四日誕生、明治四十二年（一九〇九）十二月二十一日死亡、十六歳

養子　安子

明治二十五年（一八九二）十二月二十五日誕生、大阪市北区金屋町二丁目四十二番地中西為次郎姪中西コウとの間に生まれていた安子を、明治三十六年（一九〇三）十二月十四日養子とする。安子は大正二年（一九一三）岡山市大字下石井百八番地中村正と結婚

三　伝九郎二男起元次の後裔《えい》

長女　一子

大正八年（一九一九）四月二十六日誕生、昭和五十四年（一九七九）兵庫県尼崎市で死亡、六十一歳

伝九郎の妻喜与の末弟大田原四郎の長女の主人の医院（現院長は四郎の曽孫保幸）で看護婦をつとめていた。

二女　俊子

大正九年（一九二〇）九月三十日誕生、昭和九年（一九三四）二月二十四日西宮市市庭町十八番地で死亡、十五歳

伝九郎の家系は二男起元次の長女一子をもって絶えたが、伝九郎には兄があり、いつのころか朝鮮から帰り現在の赤磐市下市の生家を継いだが、子無く両養子したと喜与の姪葉末代から聞いている。

おわりに

戦中戦後の食糧難の時代、我が家には三畝の水田、二百年ほど前まで屋敷地であった一反余の畑地を除いては全く田畑がなかった。山もなかった。父のわずかな給料と母がこの畑でつくるさつまいもが家族八人の生活を支えていた。祖父の時代までは屋敷地それに家屋までが借金の抵当物件となっていた。詳しいことは分からなかったが、すべて生本伝九郎のためということだけは幼いころからよく耳にしていた。現在残されている多数の借用証と兄弟姉妹と言えども保証人をしてはならないという家訓に事の重大さを感じ取っていた。そういうわけで我が家における伝九郎のイメージは決して良いものではなかった。

伝九郎の妻は私の曽々祖父岸田嘉三郎の長女喜与であった。喜与の兄峰太郎の三女葉末代《はまよ》は、昭和五十三年八十五歳で他界したが、彼女はよく伝九郎の話をしていた。葉末代の父峰太郎が伝九郎の保証人をしたために一町歩余の水田と数町歩の山林を売却し、家・屋敷をも抵当物件として借金をしたので随分と質素な少女時代を過ごしたということである。

生活の地は西宮市市庭町十八番地であったが、西宮の香炉苑にも立派な別荘があったと父峰太郎から聞いているということであった。それが明治何年ごろのことであったか詳らかでないが、明治十九年（一八八六）六月の兵庫県勧業課長就任後から、明治二十一年（一八八八）十州塩田組合本部長時代のことであったろうと推察される。

伝九郎が岡山へ帰って来たのは恐らく十州塩田組合本部長を退き第一回衆議院議員選挙に立候補することを決意してからであろう。そう考えると明治二十二年（一八八九）秋ごろから翌年春ごろの間ということになる。

葉末代は少女時代時折岡山市大字一番町三十八番地の住居を訪ねた。喜与とコウが同居しており、どちらも仲が良く優しい人でよく可愛がってくれたこと、赤磐の顔役と言われていたこと、また伝九郎誕生の地域では「今日も東京へいく本が明日も会議へでん九郎」（今日も東京へ行くという生本が明日もまた会議へ出ない伝九郎の意か）と言って世間の物笑いとなっていたことなども話してくれた。そこには感動を覚えるものは何一つなかった。

ところが昭和六十年のことである。私は当時の職場で児島湾干拓の研究で多大の業績を残した二人の先輩と出会った。その二人から時を異にして、生本伝九郎が児島湾干拓に多大の評価を得ている人物であることを知った。以来私は伝九郎の生涯に関心を寄せるようになった。そうした折も折、平成四年九月ＮＨＫテレビ局の訪問取材があり、十月には児島湾干拓と生本伝九郎についてテレビ放映があった。その後二回放映があった。そのころから私は伝九郎の生涯を整理してみたいと思うようになり、弟岸田裕之に依頼して伝九郎にかかわる史料を集めてきた。

思うにその身は岡山県勧業課の一吏員でありながら、士族授産事業として児島湾開墾を時の県令高崎五六に献策し、この大計画の緒を付けた伝九郎の卓見及び意欲と情熱、それに行動力は驚嘆に値する。

更には、東讃紛争の中で十州塩田組合本部長として平和的解決を図ろうと東讃支部長井上甚太郎と話し合い、組合を守っていこうとする生本の使命感・責任感・積極的努力、又小野友五郎から天日製食塩製造法の特許を受けて良質の増塩を図ろうとする意欲に生本の人物を見て取ることができる。

念のため附記しておくが、『岡山県大百科事典』（山陽新聞社）の生本伝九郎の項に、「県令高崎五六のもとで岡山県勧業課長をつとめ」「のちには滋賀・兵庫県下の郡長をつとめ」とあるが典拠が明白でない。筆者の誤認と考えられる。

『西宮市史第三巻』に「武庫・有馬郡長補任表」があり、現在の西宮市域を管下としていた両郡の明治十二年から大正までの郡長の氏名が掲載されているが、その中に生本の名前は挙がっていない。

また、『岡山県歴史人物事典』（山陽新聞社）の生本伝九郎の項には、「岡山県勧業課長、滋賀・兵庫の郡長」の記述が見えるが、これも典拠が明白でない。又墓地は「山陽町下市地区にある」とも記されているが、墓地は河本地区にある。いずれも執筆者の事実誤認と考えられる。岡山県勧業課吏員、滋賀県犬上郡郡長、兵庫県勧業課長の職にあったことは本文中の史料から明白である。

終わりに本稿執筆に当たりご指導賜った南　智先生（元岡山県立高梁高等学校長）、史料送付に尽力下さった神戸市文書館の石橋正好先生、滋賀県立図書館の奥田ひとみ先生、また吉備人出版の金澤健吾取締役に心からお礼申し上げる。

参考文献

『訂正増補　児島湾開墾史全』井土経重著、１９０３年
『児島湖発達史』児島湖発達史編纂委員会、１９７２年
『児島湖発達史続』児島湖発達史編纂委員会、１９７７年
『岡山県史　近代』岡山県史編纂委員会
『改修赤磐郡誌』岡山県赤磐郡教育会編纂、１９４０年
『岡山県政百年の歩み』岡山県広報協会、１９７１年
『瀬戸内農村の変容』南　智著、１９９７年
『岡山県の歴史』岡山県編集、１９６２年
『寸簸之塵』　土肥経平纂
『日本塩業大系　近代』日本塩業大系編集委員会編、日本専売公社、１９８２年
『日本塩業大系　史料編　近・現代㈠』日本塩業大系編集委員会編、日本専売公社、１９７５年
『岡山県通史　下』岡山県　１９３０年

『咸臨丸航海長小野友五郎の生涯』藤井哲博著、中央公論社、１９８５年
『岡山県立記録資料館紀要第11号』「特別寄稿　生本伝九郎と小野友五郎―製塩法改良をめぐる交流関係史料の翻刻と解説―」岸田裕之、２０１６年
デジタル版日本人名大辞典
『岡山県大百科事典』岡山県大百科事典編集委員会編、山陽新聞社、１９８０年
『岡山県歴史人物事典』岡山県歴史人物事典編纂委員会編、山陽新聞社、１９９４年
『外務省記録総目録』外交史料館所蔵
『山陽新報』
『神戸又新日報』
『滋賀県沿革誌』滋賀県庁
『倉敷の干拓』三宅千秋著、倉敷市教育委員会、１９７６年
『早島歴史街道』早島町教育委員会編、早島町教育委員会、１９９０年
『宇喜多堤』宇喜多堤築堤４２０周年記念事業実行委員会編、早島町、２００９年

生本伝九郎関係略年表

嘉永元年（一八四八）三月二十一日	生本藤三郎正英と妻小俊《こしゅん》の二男として備前国赤坂郡下市村に誕生
明治六年（一八七三）四月二十日	生本家を相続
明治七年（一八七四）十月三十日	赤坂郡上仁保村岸田嘉三郎長女喜与《きよ》と結婚
明治八年（一八七五）十月十三日	高崎五六県令赴任
明治十年（一八七七）	伊部焼の改良を目的として陶器改選所を組織、窯を二か所に築く
明治十三年（一八八〇）一月	士族授産にかかわる勅令が下賜、児島湾開墾に関する意見書及び起業の計画書を高崎県令へ提出
明治十三年（一八八〇）五月	高崎五六県令、内務卿山田顕義に開墾見込書を上申
明治十三年（一八八〇）十二月	岡山県庁実測完了、大塚伊八郎と上京して内務省土木局に進達
明治十三年（一八八〇）十二月二十六日	陶器改選所の記事『山陽新報』に掲載
明治十四年（一八八一）二月	内務省ムルドルを現地へ派遣

明治十四年（一八八一）二月	岡山県庁、ムルドル工師の調査復命書を内務省へ提出
明治十五年（一八八二）一月	高崎県令の命を受けて、伊木社の資本依頼のため東本願寺に赴き、会計主任阿部恵行に面会
明治十五年（一八八二）	伊木社の資本依頼のため、伊丹の豪商小西新右衛門を訪問
明治十五年（一八八二）	上阪し、豪商田中市兵衛、杉村正太郎を訪ねて児島湾開墾事業の有益性を説き、資本提供を依頼
明治十五年（一八八二）十二月	上京して在京中の大阪の豪商藤田伝三郎を訪ね、起業の任に当たってくれるよう切望　土木請負業鹿島岩蔵をはじめ二・三人にも相談
明治十七年（一八八四）十二月	岡山県の官職を辞任
明治十七年（一八八四）十二月五日	組合を設け、約定書を定め、生本を願人、鹿島岩蔵・藤田伝三郎が保証人となり、児島湾開墾許可願を岡山県庁へ提出
明治十七年（一八八四）十二月二十七日	高崎五六県令帰任
明治十八年（一八八五）	組合諸氏に書面をもって参集を依頼

明治十八年（一八八五）九月四日	滋賀県犬上郡郡長に就任
明治十九年（一八八六）六月十七日	犬上郡郡長を辞任
明治十九年（一八八六）六月	兵庫県勧業課長に就任
明治二十年（一八八七）六月	高崎五六、阿部浩、藤田伝三郎等と伊集院兼常邸にて会合、三菱社手を引く。
明治二十年（一八八七）六月	生本・阿部、藤田伝三郎と会し事後の協定
明治二十年（一八八七）	兵庫県勧業課長を辞任
明治二十年（一八八七）七月	藤田伝三郎は生本伝九郎他従前の組合員の連印をもって、名義変更の願書を岡山県庁千坂高雅知事宛提出
明治二十年（一八八七）八月十五日	十州塩田組合第二回通常会（神戸会）開催
明治二十年（一八八七）九月	十州塩田組合本部長に就任
明治二十年（一八八七）九月	讃岐高松に赴き井上甚太郎に面会、その後丸亀、岡山に赴く。
明治二十一年（一八八八）一月十八日	『塩業利害説明並東讃紛議実歴前篇』を出版
明治二十一年（一八八八）二月	「裁判言渡書」
明治二十一年（一八八八）三月二十六日	『塩業利害説明前篇附録』を出版

明治二十一年（一八八八）三月	井上甚太郎の弁駁に対して弁明
明治二十一年（一八八八）十月二十八日	農商務省、十州塩田組合本部長及び各支部長を兵庫県庁に召集し、諮問会を開催
明治二十一年（一八八八）十二月	『生本部長之演舌筆記』成る。
明治二十一年（一八八八）十二月	十州塩田組合臨時会を召集、「十州塩田組合本部臨時会決議書」
明治二十二年（一八八九）二月二十三日	滋賀県滋賀郡大津下堅田町五十九番邸から岡山県赤坂郡東高月村大字下市四十三番邸へ転籍
明治二十二年（一八八九）五月二十三日	岡山県知事千坂高雅、藤田伝三郎へ起業許可
明治二十二年（一八八九）五月二十九日	小野友五郎、天日製食塩製造法専売特許を取得
明治二十二年（一八八九）七月十五日	上京して農商務省へ出向く。大門面会。局長課長面会
明治二十二年（一八八九）七月十六日	東京南鍋丁（現銀座）の旅宿で大門専挙の紹介により小野友五郎に初めて会う。
明治二十二年（一八八九）十月三十一日	東讃塩業者の控訴も井上らの敗訴に終わる。
明治二十三年（一八九〇）五月	十州塩田組合臨時会開催、その後十州塩田組合は自然消滅

明治二十三年（一八九〇）七月一日	第一回衆議院議員選挙に立候補
明治二十五年（一八九二）二月	移民保険会社設立
明治二十五年（一八九二）二月五日	移民保険会社定款認可
明治二十五年（一八九二）二月七日	移民保険会社顧問に就任
明治二十五年（一八九二）二月十五日	第二回衆議院議員選挙に立候補
明治二十六年（一八九三）七月	小野友五郎より天日製食塩について生本伝九郎宛書翰
明治二十六年（一八九三）七月十四日	小野友五郎へ返書
明治二十六年（一八九三）七月二十四日	小野友五郎より生本伝九郎宛書翰
明治三十二年（一八九九）五月	藤田伝三郎、児島湾干拓起工
明治三十五年（一九〇二）五月十八日	児島湾干拓起工三周年祝賀会で祝詞
明治三十六年（一九〇三）	中西コウとの間に生まれていた安子を養女とす。
明治四十二年（一九〇九）一月二日	岡山市一番町三十八番地で死亡。六十二歳。

略　歴
岸田　崇（きしだ　たかし）
昭和14年岡山県赤磐市生まれ。岡山大学法文学専攻科（文学専攻）修了。岡山県立高等学校、岡山県教育委員会事務局、岡山県総務部等を経て、岡山県教育センター所長、岡山県立岡山一宮高等学校長を歴任。
著作は『山陽町史』（中世編）（山陽町、1986年）、「備前国鳥取荘について」『操山論叢』（岡山県立岡山操山高等学校、1980年）、『歴史の里上仁保』（私家本、2011年）。

生本伝九郎の生涯

2020年4月13日　初版第1刷発行

著　者——岸田　崇
発行所——吉備人出版
〒700-0823　岡山市北区丸の内2丁目11-22
電話086-235-3456　ファクス086-234-3210
振替01250-9-14467
メール books@kibito.co.jp
ウェブサイト www.kibito.co.jp
印刷所——株式会社三門印刷所
製本所——日宝綜合製本株式会社

ISBN978-4-86069-605-4　C0023